Monika von Krogh
Stadtspatzen

Monika von Krogh

Stadtspatzen

Mit Bildern von
Toni Diehl

Lentz

© 1996 Lentz Verlag
in der F.A. Herbig Verlagsbuchhandlung GmbH, München
Alle Rechte, auch der photomechanischen Vervielfältigung
und des auszugsweisen Abdrucks, vorbehalten
Umschlagillustration: Toni Diehl
Illustrationen: Toni Diehl
Herstellung und Layout: Birgit Veits
Satz: Walter Typografie & Grafik, Würzburg
Gesetzt aus: 11/14 Punkt Concorde
Druck und Bindung: Finidr, Cesky Tesin
Printed in the Czech Republic
ISBN 3-88010-413-1

Achtstein Weidenbusch
langweilt sich

Achtstein Weidenbusch, der mutigste und frechste Spatz in der ganzen Stadt, saß auf dem Zweig eines Kastanienbaumes und blinzelte gelangweilt in die blasse Wintersonne. Sein Freund Hermännchen, klein und schmächtig, hockte neben ihm und beobachtete ängstlich die Autos, die unter ihnen vorbeirauschten.

Goliath, der dritte im Bunde, suchte wie immer nach Futter. Goliath war dauernd hungrig, und weil er dauernd hungrig war, aß er ständig. Und weil er ständig aß, war er so dick wie ein Knäuel Schafwolle.

»Es ist zum Piepen langweilig«, schimpfte Achtstein. »Fällt dir nichts ein, was wir anstellen könnten, Hermännchen?«

Hermännchen drehte unbehaglich den Kopf hin und her. Achtstein war der Anführer ihrer kleinen Gruppe, und meistens wurde gemacht, was er vorschlug. Aber oft genug schlug er leider federsträubenden Unsinn vor.

»Warum willst du denn etwas anstellen«, fragte er, »wir sitzen doch gerade so gemütlich hier. Ich habe keine Lust, mir schon wieder den Hintern zu verbrennen.«

Achtstein grinste. »Das vergißt du mir nie, stimmt's? Das wirst du noch deinen Enkelkindern erzählen, oder?«

»Falls ich überhaupt so alt werde«, entgegnete Hermännchen. »Denn wenn dir noch oft so langweilig ist, geb ich bestimmt bald den Löffel ab.«

Er spielte auf den letzten dummen Einfall von Achtstein an. Vor kurzem nämlich, als die drei Freunde auch gerade so harmlos beisammen saßen, wollte er unbedingt in den Kamin des Pfarrhauses hinuntersteigen. Achtstein hatte erklärt, daß es gefährlich werden könne und daß feige Eierschalenlutscher besser zu Hause bleiben sollten. Wenn Achtstein das sagte, konnte er sicher sein, daß seine Freunde alles mitmachten. Achtstein hatte behauptet, oben beim Pfarrer wohne der liebe Gott, der alle Menschen und Tiere erschaffen habe, und unten drunter, am Ende des Kamins, der Teufel. Der säße auf seiner Schatzkiste,

voll mit Gold und Edelsteinen, und man müsse sie ihm nur unter dem Hintern wegziehen. Goliath allerdings hatte vermutet, daß der Teufel da unten vielleicht einen feinen Braten im Feuer habe und sie zum Mitessen einladen würde. Sie waren mit zitternden Krallen an der rauhen und schmierigen Wand immer weiter hinabgeklettert, und je tiefer sie kamen, desto schlechter wurden ihnen. Der Rauch brannte in ihren Augen und nahm ihnen den Atem. Sie waren dem Höllenfeuer anscheinend sehr nahe, denn es wurde mit jedem Schritt heißer. Doch in letzter Minute hatte Achtstein endlich das Zeichen zum Rückzug gegeben. Mit knapper Not und angesengten Federn waren sie wieder nach oben gekommen. Hustend, spuckend und mit tränenden Augen, ohne Braten, ohne Schatz. Sie waren drei Tage krank gewesen, und die Eltern hatten ihnen eine Woche Baumarrest verpaßt. Achtstein, der Anführer bei diesem Abenteuer, entkam nur mit knapper Not der schlimmsten Strafe für Spatzen. Es wurden ihm beinahe die Kopffedern ausgerupft. Alle konnten dann gleich sehen, daß man etwas Dummes angestellt hatte. Außerdem schaute man eine ganze Weile ziemlich bescheuert aus. Die Eltern von Goliath und Hermännchen hatten es im letzten Augenblick durch ihre Fürsprache verhindert.

Hermännchen schüttelte sich. »Laß mich bloß mit deinen Ideen zufrieden. Da kommt Goliath, vielleicht hat der Lust, sich verbrennen zu lassen oder auf einer Katze zu reiten oder als Flaschenpost den Fluß hinunterzusegeln«, murrte er. All das hatte der verrückte

Achtstein ihnen in der letzten Zeit vorgeschlagen. Um die Langeweile zu vertreiben. Hermännchen hatte gar
keine Langeweile.

In diesem Augenblick landete
Goliath neben ihnen. Den Rest
eines Pommes frites, der ihm
quer im Schnabel steckte,
verstaute er umständlich
hinter sich in einem Astloch.

»Ich kann nicht mehr«,
seufzte er und lehnte sich faul an den
Baumstamm. Er verzog das Gesicht und streichelte
sich den Bauch, bis ihm ein Bäuerchen entfuhr.

»Jetzt ist mir besser«, lachte er. »Was die Leute so
alles fallen lassen – ich kann nicht glauben, wie schus-
selig sie sind. Gehen an die Bude, kaufen sich die
heißen Kartoffeln, und dann lassen sie sie fallen.«

»Daher kommt das!« rief Hermännchen erstaunt.
»Ihr habt mich fallenlassen wie eine heiße Kartoffel.«

»Das stimmt nicht«, widersprach Goliath empört,
»ich habe dich noch nie fallen gelassen, dazu bin ich
viel zu stark.«

»Das ist doch nur eine Redewendung«, beruhigte
ihn Hermännchen.

»Wahrscheinlich lassen die Menschen die Kartoffeln aus Angst vor mir fallen«, meinte Goliath und
blies die Brust auf. Hermännchen nickte.

Achtstein schaltete sich ein. »Ich will es euch sagen,
ihr Billighirne. Die Pommesleute lassen die Kartoffeln

nicht fallen, sie füttern uns damit, genau, wie es die beiden alten Damen tun. Sie geben uns etwas ab. Wenn ihr fertig seid mit eurem Kartoffelgequatsche, dann hört mal her.« Er deutete mit dem Flügel nach unten. »Ich habe mir eben die Autos angesehen. Und da kam mir eine Idee.«

Hermännchen zuckte zusammen, drehte sich in die andere Richtung, pfiff mit hocherhobenem Kopf scheinbar unbeteiligt ein Liedchen und stampfte mit dem Fuß den Takt dazu.

Achtstein lachte, als er Hermännchen derart beschäftigt sah. »Guck mal, Goliath«, sagte er, »Hermännchen hat wieder einmal Angst! Hermännchen, du sagst doch immer, daß du eines Tages einmal etwas ganz Mutiges tun willst, so daß uns vor Staunen die Federn ausfallen. Und kaum sage ich, daß ich eine Idee habe, um uns die Langeweile zu vertreiben, schon machst du deine Federn naß. Sie sind hinten schon ganz dunkel!«

»Das ist nicht wahr!« Hermännchen unterbrach seinen Gesang. »Ich mag nur keine Autos, das ist alles. Und wenn deine Idee mit Autos zusammenhängt, bestelle ich schon mal einen Krankenwagen.«

Goliath fuhr auf. »Warum bestellst du einen Krankenwagen?« fragte er entsetzt. »Ist einem von uns etwas passiert?«

Hermännchen winkte seufzend ab. »Noch nicht, Goliath. Beruhige dich.«

Achtstein hüpfte auf seinem Zweig hin und her.

Dabei schielte er dauernd nach unten. »Schaut mal«, rief er, »da liegt ein Kiesel auf der Straße und ...«

Hermännchen fiel ihm ins Wort. »O Achtstein, wirklich! Ein Kiesel liegt da. Ruft alle Spatzen der Straße zusammen! Achtstein hat einen Kiesel entdeckt!« rief er und tat ganz aufgeregt.

»Nein, laß mich doch mal ausreden. Du versuchst bloß, mich abzulenken«, wehrte Achtstein lachend ab. »Wenn ihr genau hinschaut, dann werdet ihr feststellen, daß dem Stein nichts geschieht, obwohl dauernd Autos über ihn hinwegfahren. Er liegt ganz still da.«

Goliath riß die Augen auf. »Ui, das stimmt«, meinte er, nachdem er eine Weile auf die Straße gestarrt hatte. »Also sowas!«

Achtstein nickte zufrieden. »Und weißt du auch, warum ihm nichts geschieht?« wollte er wissen. Goliath dachte nach. Achtstein stellte sich auf eine längere Wartezeit ein. Hermännchen aber kam ganz nahe an seinen übermütigen Freund herangehüpft. »Ganz einfach«, zischte er. »Dem Stein geschieht nichts, weil er ein Stein ist. Wäre er ein Spatz, wäre er schon längst weggeflogen oder im Krankenhaus.«

Goliaths Gesicht erhellte sich. »Hermännchen hat recht«, sagte er, »das ist kein Spatz. Das ist ein Stein! Soll ich ihn euch holen?« Achtstein machte eine abwehrende Bewegung. »Jetzt paßt mal auf, was ich euch zeige. Wenn du es mir nachmachst, Goliath, be-

kommst du fünf Regenwürmer, frisch auf den Ast«, rief er und stürzte sich auf die Straße. Dort hockte er sich neben den Stein, duckte sich und wartete.

»Ein Auto!« schrie Hermännchen.

»Hermann Hosenscheißer, sieh her! Das ist die absolute Mutprobe«, rief Achtstein nach oben. »Man muß sitzenbleiben.« Und bevor noch einer der anderen Spatzen reagieren konnte, kam ein Auto herangeschossen und fuhr über ihn hinweg. Hermännchen flatterte entsetzt zu Boden. Wenn das Auto mit seinem Freund fertig war, würde er Hilfe brauchen. Doch da saß Achtstein bereits wieder vergnügt neben ihm auf dem Bürgersteig und schüttelte sich. »Donnerwetter«, sagte er anerkennend, »das ist spannend, Hermännchen. Versuch es doch auch einmal. Du mußt nur sehen, daß du in der Mitte zwischen den vier Rädern bleibst, dann kann dir nichts passieren.«

Hermännchen war kreidebleich um die Augen. Er schüttelte wortlos den Kopf.

Goliath kam pommeskauend nach. »Wenn mir nichts passieren kann, versuche ich es auch einmal«, mümmelte er und marschierte auf die Fahrbahn, ohne nach links und rechts zu sehen. Und zuerst ging es genau wie eben bei Achtstein. Noch bevor einer der Freunde reagieren konnte, kam ein Auto herangeschossen und fuhr über ihn hinweg. Dann aber erwischte es ihn mit dem rechten Hinterrad und schleuderte ihn an den Straßenrand, wo er ohnmächtig liegenblieb.

»Goliath!« wimmerte Hermännchen. Schnell drehte er sich um und hielt sich die Augen zu.

Goliath blutete an Kopf und Bauch. Achtstein startete zitternd und alarmierte den Spatzenkrankenwagen. Kurz darauf hörten sie das »Tatütatütatü«, das die Spatzensanitäter gekonnt dem Menschenkrankenwagen nachahmten. Schon kamen zwei starke Spatzen herangeflogen und landeten im Rinnstein. Sie hatten eine Trage aus Holz und Leinwand zwischen sich hängen. Vorsichtig wurde Goliath verladen, und ab ging es ins »Krankenhaus im Krankenhaus«.

Seit in den letzten Jahren der Verkehr auf den Straßen stark zugenommen hatte, lag immer öfter ein Spatz verletzt am Straßenrand. Oft genug erwischte auch die schwarzweiße Miezi vom Bäcker an der Ecke einen Pechvogel und richtete ihn übel zu. Deswegen hatten sich die Spatzen auf dem Speicher des Menschenkrankenhauses eine eigene Notfallstation eingerichtet. Alles, was sie an Instrumenten und Verbandszeug brauchten, stibitzten die Spatzendoktoren aus den Schwesternzimmern einige Stockwerke tiefer. Alles, was sie über Wundversorgung wissen mußten, hatten sie sich bei ihren Menschenkollegen abgeschaut, indem sie so oft wie möglich durch die Fenster spähten und ihnen genau auf die Finger sahen. Sie waren für alle Fälle gerüstet.

Das war auch Goliaths Glück. Eine Viertelstunde später wurde er operiert. Hermännchen und Achtstein warteten schweigend vor der Tür. Nach einer langen Stunde kam schließlich der Arzt und berichtete vom

Ausgang der Operation. Er sagte, daß Goliath wohl durchkommen würde, wenn es auch ein Wunder sei bei diesen schweren Verletzungen.

Achtstein fiel Hermännchen vor Erleichterung weinend um den Hals. »Dann hat er nur ein paar Beulen und Schrammen, der gute Dicke«, schluchzte er.

Der Arzt schüttelte den Kopf. »Er hat unter anderem eine starke Gehirnerschütterung«, erklärte er. »Es könnte sein, daß ihm das Denken in der nächsten Zeit schwerfällt.«

»Das macht nichts, Doktor«, rief Achtstein glücklich. »Wir sind so froh, daß er nicht hin ist! Wir nehmen ihn, wie er ist. Der schnellste Denker war er sowieso nie.«

Als der Arzt weg war, grapschte Achtstein Hermännchen und zerrte ihn vor Freude wild im Kreis herum.

Doch für Hermännchen war die Sache noch nicht vorbei. »Wenn dir wieder mal langweilig ist«, sagte er streng und schüttelte Achtstein ab, »dann setz dich lieber zu Hause auf deinen Ast und denke über das Leben nach. Vielleicht kommst du dann darauf, daß der Spatz nur eines davon hat.«

Eben wurde Goliath in einem rollenden Bett an ihnen vorbeigeschoben, über und über in Binden eingewickelt. Nur Augen, Schnabel und Beine waren zu sehen. »Fünf ... Regen ... würmer ... bist du mir ... schuldig«, sagte er mühsam, als er Achtstein sah.

Achtstein nickte. »Du bekommst sogar zehn, Goliath, das verspreche ich dir!« rief er seinem Freund nach, der in eines der Krankenzimmer gebracht wurde.

»Die haben ihn vielleicht eingewickelt, Hermännchen. Er sah aus wie die Mumie, die wir einmal im Menschenmuseum gesehen haben, nicht? Wenn wir ihn so zu seiner Mutter bringen, dann sagt sie garantiert: ›Guten Tag, ihr beiden Strolche, wen habt ihr denn da mitgebracht?‹ Und wenn wir dann sagen: ›Das ist Ihr Sohn, Frau Nettelbeck‹, dann verwette ich meine Federn, daß sie uns nicht glaubt.«

Hermännchen sah ihn fassungslos an. »Du hast vor nichts Respekt, Achtstein. Weißt du, was ich zu seiner Mutter sagen werde, wenn sie fragt, wen wir ihr denn da mitgebracht haben? Ich werde sagen: ›Es ist Ihr Sohn, Frau Nettelbeck, und Achtstein ist schuld daran, daß sie ihn nicht wiedererkennen‹. Und dann verwette ich meine Federn, daß du in kürzester

Zeit keine Federn mehr hast, die du verwetten
kannst.«

»Meinst du, Goliaths Mutter rupft mir wirklich
meine Federn aus, wenn sie von der Autogeschichte
erfährt?« fragte Achtstein ernsthaft beunruhigt.

»Ich hoffe es! Es ist ja auch überfällig.« Hermännchen nickte ernst.

Achtstein sprang wie ein wildgewordener Affe
herum. »Verrate bitte nichts«, jammerte er, »ich will
mich auch bessern. Bloß nicht gerupft werden. Hermännchen, mein Freund!«

Die Krankenschwester kam aus Goliaths Zimmer
und pflanzte sich ärgerlich vor den beiden auf.

»Würdet ihr bitte gehen? Der Patient muß jetzt
Ruhe haben. Bei diesem Gekreische wird er gleich
wieder aufwachen«, sagte sie streng.

»Schwester, wie lange muß er hierbleiben?« fragte
Hermännchen.

»Na, drei Wochen bestimmt!« flüsterte die Schwester und verschwand wieder im Krankenzimmer.

»Na, dann kann ich ja jetzt nach
Hause gehen«, sagte Hermännchen,
»und du gehst zu Frau Nettelbeck
und sagst es ihr, in Ordnung? Wenn
ich so darüber nachdenke, glaube
ich eigentlich nicht, daß sie dir deine
Federn ausreißt. Sie ist eine fried-
liche Spätzin und bestimmt froh, daß
Goliath noch lebt.«

»Du hast recht«, versprach Achtstein kummervoll, »ich muß es ihr schon selbst sagen. Aber komm doch bitte mit, Hermännchen! Du machst immer auf alle einen vernünftigen und beruhigenden Eindruck.«

Hermännchen schüttelte den Kopf. »Das badest du schön alleine aus. Vielleicht fällt dir eine gute Ausrede ein. Wozu bist du ›Achtstein, schlauer als Einstein‹?«

»Weil ich sieben Steine mehr habe«, sagte Achtstein mechanisch. Dann lächelte er ein wenig. »Bist du mir noch böse? Mir tut Goliath wirklich leid, Hermännchen, aber es ist ja jetzt nicht mehr zu ändern, oder?«

»Nein. Aber du mußt mir versprechen, daß du in Zukunft nicht mehr so übermütig bist.«

»Ja, Mama!« witzelte Achtstein.

»Das mußt du mir mit dem großen Spatzenehrenwort versprechen«, sagte Hermännchen ungerührt. »Keine Mutproben mehr.«

Achtstein nickte einmal, ging zweimal in die Knie, spuckte dreimal auf seine Brust und scharrte viermal mit der rechten Kralle. Nun erst war Hermännchen zufrieden, und beide flogen in die Nacht hinaus.

Tage ohne jede Langeweile

Einige Wochen später saßen die
drei wieder auf ihrem Kastanien-
baum. Achtstein hatte seine Federn
behalten dürfen. Wie Hermännchen
schon vermutet hatte, war Frau Nettelbeck
froh, daß ihr Sohn überhaupt noch lebte. An Goliaths
Unfall erinnerte nur noch ein großes Pflaster am Kopf
und eine riesige Narbe am Bauch. Er futterte unent-
wegt Regenwürmer, die er aus einer Kastanienblatt-
Umhängetasche zog.

»Hat die Mama mir mitgegeben, getrocknete Würmer vom Sommer. Besser als nichts«, mampfte er, »sie
sagt, ich müsse wieder zu Kräften kommen. Ihr wollt
doch hoffentlich nichts abhaben?«

Hermännchen schüttelte sich angeekelt. »Vielen
Dank! Kein Spatz außer dir frißt Regenwürmer. Ich
mache nachher selbst die Runde«, meinte er.

Achtstein sagte, daß Goliath nicht zu viel essen
solle, die Naht am Bauch sei schon ein kleines Stück
aufgeplatzt – man könne schon die blauen Gedärme
sehen. Als Goliath seinen Hals verrenkte und die Naht
doch nicht sehen konnte, weil sein umfangreicher
Brustkorb im Wege war, lachte Achtstein laut auf.

Doch sein Lachen wurde plötzlich klein, ganz winzig, und dann stand ihm nur noch sprachlos der Schnabel offen. Am Ende der Straße kam ein riesiger Vogelschwarm zwischen den Häusern hindurchgeflattert. »Was ist denn das, du liebe Motte?« wisperte er.

Goliath verschluckte sich fast vor Aufregung. »Was für 'ne liebe Lotte?« fragte er und reckte den Hals. »Ist sie denn hübsch? Lotte ist'n schöner Name, findet ihr nicht auch?« Und er zog seinen Bauch ein und blies die Brust mächtig auf. »Ich bin natürlich noch zu jung zum Heiraten, aber man kann sich ja schon mal umgucken, was meint ihr?«

Hermännchen klopfte ihm beruhigend auf die Schulter. »Du hast dich verhört, Goliath. Und blas dich nicht so auf, denk an deine Naht«, warnte er seinen Freund. Aber auch er ließ die Straße nicht aus den Augen. »Sieh doch, Goliath.«

Und Goliath blieb buchstäblich der Regenwurm im Halse stecken. Es schwirrte und gurrte und zischte in der Luft. Die Menschen unten auf der Straße blieben stehen und zogen die Köpfe ein.

»O nein!« Achtstein riß die Augen auf. Unzählige Tauben rauschten heran, und es wurden immer mehr und mehr. Frech hockten sie sich in der Nähe der Pommes-frites-Bude nieder.

»Tauben«, flüsterte Goliath, »und so viele! Hoffentlich stört es Lotte nicht, daß ich zwei Narben habe.«

Hermännchen duckte sich hinter einen dicken Ast. »Die sehen aber gefährlich aus«, wisperte er. »Was die wohl hier wollen?« Beunruhigt sah er nach Achtstein.

»Tauben«, sagte Achtstein nachdenklich, »jetzt fällt mir auf, daß sich in der letzten Zeit immer öfter Tauben hier herumgetrieben haben. Ich habe mir bis heute nichts dabei gedacht, Kinder. Aber das da«, er nickte mit dem Kopf in Richtung der ungebetenen Besucher, »das schmeckt mir überhaupt nicht. Mal sehen, was sie vorhaben.«

Die Tauben, von denen die meisten ein weißes Stirnband um den Kopf trugen, schritten jetzt in geordneten Linien über den Platz, gelenkt von den rhythmischen Rufen eines Anführers, der ein grauweiß gestreiftes Stirnband trug. »Es-sen fas-sen, eins-zwei-

eins-zwei, Es-sen fas-sen, eins-zwei-eins-zwei«, schrie er und hatte Zeit genug, selbst hier und da zackig ein Pommes vom Boden zu grapschen und hinunterzuschlingen.

»Meine Pommes«, ächzte Goliath.

»Die fressen uns alles weg, die Mistkerle«, heulte Hermännchen. »Hätte ich nur eben meinen Frühstücksrundflug gemacht. Jetzt ist es zu spät, und wenn sie verschwinden, ist bestimmt nichts mehr da. Es sind einfach zu viele.«

Achtstein trat unruhig von einem Fuß auf den anderen. »Ich fliege mal hin und rede mit ihnen. Dabei horche ich sie aus. Ob sie länger hierbleiben und warum sie überhaupt gekommen sind und so. Was meint ihr? Oder sollen wir vorsichtshalber den Polizeichef rufen?«

»Das erledigen wir selbst«, sagte Goliath, zitternd vor Wut und bereits einsetzender Schwäche, »ich will meine Pommes wiederhaben.«

»Die sind doch längst in den Taubenmägen verschwunden, wie stellst du dir die Rückgabe denn vor?« fragte Achtstein. »Aber du hast recht, Goliath. Wir nehmen das selbst in die Hand. Sie verstoßen gegen die Regel Nummer eins: Bevor du das Revier einer anderen Gruppe betrittst, bitte um Erlaubnis.«

»Die sehen nicht aus, als würden sie sich um Gesetze scheren«, meinte Hermännchen und guckte hinter dem Ast hervor auf die wilden Jungs. »Schaut euch nur den schwarzen großen Kerl da in der Mitte an. Das scheint der Chef zu sein, und der mit dem gestreiften Stirnband sein Helfer.«

Der Chef der Tauben sah wirklich zum Fürchten aus. Seine Federn standen kerzengerade in die Höhe und waren pechschwarz.

»Was hat er gemacht, daß seine Federn am Kopf so in die Höhe stehen? Und wieso sind sie so schwarz?« flüsterte Hermännchen. Doch er bekam keine Antwort. Seine Freunde bestaunten den Taubenchef mit offenem Schnabel. In seinem Gürtel steckten spitzstachelige Sterne in verschiedenen Formen, und quer über seine Schulter hing eine blitzende Kette.

»Die Sternchen sind schön, die gefallen mir«, meinte Goliath. »Ob er mir einen abgibt? Den schenke ich dann der Lotte.«

»Daß der überhaupt noch fliegen kann mit all dem Zeug am Leib«, sagte Achtstein kopfschüttelnd. »Also, was ist? Wer kommt mit?«

Hermännchen fluchte. »Warum bin ich kein Zugvogel? Dann läge ich nämlich jetzt irgendwo im Süden unter einer Palme und ließe mir die Trauben und die Bananen in den Mund wachsen«, seufzte er sehnsüchtig.

»Wohin mitkommen? In den Süden?« fragte Goliath entsetzt. »Wir können doch jetzt nicht in den Süden, Hermännchen. Dann machen die Tauben sich hier breit, und wenn wir wiederkommen, haben sie alles kahlgefressen, und wir müssen verhungern.«

Achtstein winkte ungeduldig ab. »Goliath, mach dir keine Gedanken. Du hast Hermännchen falsch verstanden. Aber jetzt ist Action gefragt, Kumpels. Mir nach, wer sich traut!« rief er und schoß los.

Ohne lange zu überlegen, folgten Hermännchen und Goliath ihrem Freund. Kurz nacheinander lande-

ten sie vor der Taubentruppe. Sie stellten sich ihnen dreifach in den Weg.

Als der Anführer erstaunt aufsah, tat Achtstein, mutig wie immer, zuerst den Mund auf. »Guten Tag, Leute«, rief er forsch. »Ich bin Achtstein, schlauer als Einstein, weil ich sieben Steine mehr habe!« Er schaute beifallheischend in die Runde.

Der Taubenchef schloß die Augen und schüttelte langsam den Kopf, dann putzte er sich die Ohren aus und wandte sich nach dem Kerl mit dem graugestreiften Stirnband um. »Zackenbacke, mein Freund«, sagte er mit harter Stimme, »wenn ich die Augen wieder öffne, hast du mir die drei lächerlichen Hundehaufen weggeschafft, und zuallererst den mit den vielen Steinen, hast du kapiert?«

Zackenbacke trat zu ihm hin, rückte sein Stirnband zurecht und zog es fester. »Ja klar, aber Chef«, raunte er, »laß uns doch mal hören, was sie uns zu sagen

haben. Vielleicht erfahren wir noch mehr über die Lebensbedingungen hier. Dann können wir den Rest unseres Schwarms herkommen lassen.«

Der Chef öffnete seine Augen und sah Zackenbacke mit seinen hellen, starren Augen an. »Dann rede du mit ihnen«, sagte er, »und erkläre ihnen, daß sie mich nicht mehr von vorne anquatschen sollen. Sag ihnen, wer ich bin, Zackenbacke!«

Zackenbacke nickte kurz und baute sich in Kampfstellung vor den drei Spatzen auf. »Hört zu, Jungs«, grunzte er, »ich bin der erste Offizier Zackenbacke. Ich habe das grauweiße Stirnband in Yukiyuki, wenn euch das etwas sagt, und hinter mir seht ihr meine Truppe, alle genauso gut ausgebildet wie ich, weil sie von mir ausgebildet sind. Von mir persönlich. Ihr werdet es nicht glauben, wenn ich euch sage, daß sie, als ich damals mit ihnen anfing, wann war denn das noch … vor fünf Jahren … oder vor sechs? … jedenfalls, da konnte keiner von denen auch nur…«

Der Chef gab ihm einen Tritt in den Hintern. »Ich habe gesagt, du sollst ihnen erzählen, wer *ich* bin!« sagte er blaß vor Wut, »deine Lebensgeschichte interessiert keinen!«

»Okay, Chef, sofort, Chef«, beschwichtigte Zackenbacke. »Also, Jungs, ihr seht hier Hypnose-Bonzo, den Chef der Taubenkolonie vom Kölner Platz.« Er deutete auf den immer noch wütenden Bonzo, der allen den Rücken zugekehrt hatte.

Achtstein, Goliath und Hermännchen, die fanden, daß die Eindringlinge aus der Nähe betrachtet längst

nicht mehr so gefährlich wirkten, schienen nicht sehr beeindruckt.

»Was wollt ihr alle hier, Zackenbarsch oder wie du heißt?« fragte Goliath empört. »Wenn ihr die Kölner Tauben vom Chefplatz seid, was wollt ihr dann hier bei uns am ...« Er unterbrach sich und schaute hilfesuchend nach Achtstein. »Wie heißt unser Platz noch gleich?«

Achtstein verdrehte die Augen. »*Er*«, sagte er betont langsam und deutete dabei auf Bonzo, der die Kette von seiner Schulter gezogen hatte und sie spielerisch immer wieder vor sich auf den Boden schlug, »*er* ist der Chef der Tauben vom Kölner Platz, Goliath, *wir* leben am Münchner Platz. Was wollt ihr übrigens am Münchner Platz, Zackenbarsch?«

»ZACKENBACKE heiße ich!« schrie der Yukiyuki-Meister und stürzte sich auf Achtstein. Doch bevor er ihn schnappen konnte, stolperte er über das ausgestreckte Bein von Goliath.

»Oh, Entschuldigung, Schweinebacke«, sagte Goliath und wollte ihm aufhelfen. Doch Zackenbacke packte den armen Goliath am Flügel und schleuderte ihn zuerst einmal um sich selbst und dann gegen Achtstein, so daß beide über- und durcheinanderkrachten. Man konnte kaum erkennen, welche Beine zu Goliath und welche Flügel zu Achtstein gehörten.

»Da habt ihr Zackenbärsche und Schweinebacken«, sagte der Yukiyuki-Meister zufrieden.

Hermännchen schluchzte leise aus Mitleid mit den Freunden.

Goliath schien heftig nachzudenken. »Jetzt weiß ich deinen Namen wieder«, maulte er und rieb sich den Rücken, »du heißt Zackenbacke!«

»Das weiß ich selbst, du idiotischer Federsack!« schrie Zackenbacke genervt.

»Wenn du so unhöflich schreist und haust, rede ich nicht mehr mit dir«, sagte Goliath beleidigt. Er wandte sich an den Rücken des Taubenchefs. »Gibst du mir einen von deinen Sternen, Bonzo? Ich finde sie so schön! Ich gebe dir dafür ein Stückchen von meinem letzten Sommerregenwurm. Meine Mama hat sie heute morgen erst aus der Räucherkammer genommen, sie schmecken ganz würzig.« Er hielt verlockend die Reste eines Würmchens hoch.

Der pechschwarze Taubenchef, der immer noch abgewandt dastand, nahm mit seiner Rechten langsam einen Stern aus dem Gürtel, drehte sich dann blitzschnell um und warf ihn nach Goliath. Goliath faßte sich mit einem Schrei an die Brust. Der Stern war mit einem scharfen Pieks durch die Federn gedrungen und saß mit zwei Stacheln in seiner Haut. Fassungslos starrten Hermännchen und Achtstein auf Goliaths Brust. Die Federn um den Stern herum färbten sich langsam rot.

»Schluß mit dem Hornochsengeschwafel«, sagte Bonzo. Er starrte den ersten Offizier an, während er seine Kette nur noch leise über den Boden scharren ließ. »Wir werden hier-

25

bleiben«, fuhr er fort, »und derjenige, der etwas dagegen hat, hat seine beste Zeit hinter sich. Erkläre ihnen auch, *warum* wir hierbleiben, Zackenbacke, und warum sie alle hier verschwinden müssen. Nicht, daß wir irgendeinem Hundehaufen eine Erklärung schuldig wären, aber man weiß sich schließlich zu benehmen, nicht wahr? Und hole mir meinen Stern wieder zurück.«

Zackenbacke nickte, trat auf die drei Freunde zu und zog den Stern aus Goliaths Brust. Hermännchen wimmerte und stützte den armen Goliath. Die Tränen liefen ihm die Backen hinunter, fingen sich an der Schnabelspitze und tropften auf seine Füße. Und Achtstein hatte plötzlich Angst: um Goliath, um sich, um Hermännchen, um alle.

»Wir möchten jetzt gehen«, sagte er zu Zackenbacke. »Wir müssen ihn zu einem Arzt bringen. Er blutet. Er hat sich von seiner letzten Verletzung noch nicht richtig erholt. Er ist von einem Auto … «

»Das ist mir piepegal!« knurrte Zackenbacke. »Ihr hört zu, so lange ich rede. Wir haben euch schon eine Weile beobachtet. Ihr lebt hier wie die Maden im Speck. Unser Kölner Platz wird umgebaut, die alten Häuser sind fast alle abgerissen worden. Wir bleiben also hier, weil wir bleiben wollen. *Ihr* müßt verschwinden, weil hier kein Platz und kein Futter mehr für euch übrig ist, das ist alles. Ist doch ganz einfach!« sagte er.

»Wir wollen aber nicht, daß ihr hierbleibt, zumindest nicht für immer«, sagte Achtstein und stützte

Goliath, dem furchtbar schlecht wurde. »Wir haben
hier gerade Futter genug für unseren Schwarm, die
Pommesbude und die Futtertüten der beiden alten
Damen reichen nicht für alle. Deswegen bitten wir
euch höflichst, daß ihr wieder abzieht. Geht zu den
Möwen an den Müllplatz, da gibt es jede Menge Futter. Oder fliegt in eine andere Stadt. Plätze gibt es noch
genug.«

»Nur die Lotte kann dableiben«, fügte Goliath
schwächlich hinzu und sah sich um. »Wo ist sie denn
überhaupt, die Lotte? Und er soll nicht immer Hundehaufen zu uns sagen, Achtstein, das ist mir peinlich.
Wenn das die Lotte hört!«

Achtstein trat ihm auf den Fuß. »Hast du keine
anderen Sorgen? Halt den Schnabel um der mieben
Lotte willen«, flüsterte er. »Verdammt, du machst
mich fertig mit deiner Lotte! Um der lieben Motte willen, meine ich.«

Beleidigt schloß Goliath den Mund.

Hermännchen, der sich nur langsam beruhigen
konnte, wischte sich schluchzend die letzten Tränen
ab.

Der Taubenchef verzog angewidert sein Gesicht.
»Mach endlich Schluß, Zackenbacke!« sagte er.

Zackenbacke winkte zwei kräftige Burschen mit
weißen Stirnbändern zu sich. Alle drei gingen in
Yukiyuki-Kampfstellung auf die Spatzen zu. Knochen-
harte Flügelspitzen zischten durch die Luft und trafen
die Spatzenköpfe, zweimal, dreimal. Dann hoben die
Tauben die Füße, und Achtstein, Hermännchen und

der arme Goliath lagen plötzlich drei Meter weiter weg am Boden und wußten nicht, wie sie dahin gekommen waren.

»Sag ihnen, Zackenbacke, daß sie mir aus dem Gesichtskreis bleiben. Der erste, der mir unter die Augen kommt, wird ausgerottet, mit Schwanz und Schnabel, und der zweite ebenso, und alle miteinander«, schnauzte der Chef und gab das Zeichen zum Abmarsch. Schwirrend und klirrend wie sie gekommen waren, zogen sie wieder ab. Sie besetzten den Dachboden des Krankenhauses.

Die große Spatzenversammlung

Die drei Freunde hatten, nachdem sie wieder zu sich gekommen waren, schleunigst einen hastigen Start hingelegt. Sie brachten Goliath zu Achtsteins Mutter, die früher im Spatzenkrankenhaus gearbeitet hatte. Sie würde die Wunde verbinden.

»Was hat er denn da kleben?« fragte Hermännchen. Er schaute Frau Weidenbusch mit schmerzverzerrtem Gesicht bei der Wundsäuberung über die Schulter. Frau Weidenbusch hob mit der Pinzette ein merkwürdiges Gebilde von Goliaths Brust.

»Das ist mein Wurm«, ächzte Goliath, »eigentlich hätte Bonzo ihn bekommen sollen. Aber er hat mir den Stern ja wieder wegnehmen lassen, der Mistkerl. Hermännchen, sei so nett und wische das Blut von meinem Würmchen, ich habe großen Hunger nach dieser Aufregung.«

Als Goliath sich erholt hatte, flog Achtstein los und alarmierte die Bürgermeisterin. Es wurde sofort eine Notversammlung einberufen. Sie bat alle, wie Achtstein vorgeschlagen hatte, auf den Dachboden der Hypotheken- und Wechselbank, weil es dort

sicherer war als draußen im Freien. Die Dachluken waren so schmal, daß die Tauben nicht hereinkommen konnten. Als alle da waren und aufmerksam lauschten, bat sie die drei jungen Spatzen um Aufklärung.

»Freunde«, rief Achtstein dramatisch und rieb sich die Stelle, wo ihn ein Tritt von Zackenbacke getroffen hatte, »unser aller Leben ist bedroht.«

»Nicht nur unser Leben«, warf Goliath empört ein. »Auch unseren Pommes geht es an den Kragen!«

»Goliath hat recht, Freunde«, pflichtete Achtstein bei, »wenn diese Schlägertypen sich hier breitmachen, finden wir keinen Krümel Futter mehr auf dem Pflaster.«

Hermännchens Vater, ein Spatzenmann in den besten Jahren, stand auf. »Um was geht es denn eigentlich? Wollt ihr uns nicht zuerst berichten, warum und durch wen unser Leben bedroht ist? Meint ihr vielleicht die Tauben, die heute angekommen sind?«

Achtstein nickte und erzählte, was sie eben erlebt hatten. Hermännchen und Goliath standen aufgeregt an seiner Seite. Als die Rede auf die Yukiyuki-Truppe von Zackenbacke kam, wurde allen Spatzen angst und bange.

»Was sind das bloß für Zeiten«, sagte ein alter Spatz kopfschüttelnd, »daß wir das noch erleben müssen.«

»Wenn wir es nur *über*leben«, sagte Hermännchen düster.

»Was meint ihr? Was können wir tun?« wollte Achtsteins Vater wissen.

Doch bevor noch jemand antworten konnte, stürz-

te sich ein Wachtposten von der Lüftungsluke des Daches vor die Bürgermeisterin. »Sie bringen deinen Sohn«, rief er.

Da kamen auch schon die Rotkreuzler hereingeflattert. Sie stellten ihre schwere Last in der Mitte der Versammlung auf den Boden.

»Er ist schwer verletzt«, japste der eine Sanitäter. »Wir fanden ihn zufällig hinter der Pommesbude. Drei Tauben haben ihn fertiggemacht. Sie haben sich um ein Pommesstäbchen gestritten.«

Der Mann der Bürgermeisterin eilte zur Krankenbahre. »Hans-Heinrich, mein Junge!« jammerte er und beugte sich über seinen Sohn.

»Warum bringt ihr ihn nicht ins Krankenhaus?« fragte die Bürgermeisterin verständnislos, nachdem sie einen erschrockenen Blick auf den verletzten Hans-Heinrich geworfen hatte.

»Weil sie uns nicht reinlassen«, antwortete der eine Sanitäter.

Der andere richtete sich empört auf. »Natürlich wollten wir ihn ins Krankenhaus bringen«, schnaufte er, »aber sie haben uns schon an den Luken abgefangen. Überall in den Betten liegen wilde Kerle mit weißen Stirnbändern und trinken unseren Massagealkohol. Es sieht schlimm dort aus.«

»Die Männer von Zackenbacke!« Achtstein sprang auf. »Waren ihre Anführer auch dabei, ein schlimmer Schwarzgefärbter mit Sternen am Bauch und einer mit einem gestreiften Stirnband?«

»Nein«, sagte der Sanitäter zögernd, »ich glaube nicht. Ich habe ihn jedenfalls nicht gesehen.«

Der andere mischte sich ein. »Ich habe zufällig ein Gespräch mit angehört. Irgendwelche Typen sind losgeflogen, um den Rest des Schwarmes zu holen«, berichtete er.

»Oje«, sagte Hermännchen zu Achtstein, »jetzt haben wir den Salat.«

»Wo, wo? Wir haben Salat? Wo haben wir den denn her, mitten im Winter?« fragte Goliath und rappelte sich auf. »Gebt mir bitte was ab, Salat esse ich gerne. Wo ist der Salat?«

Die Bürgermeisterin erhob sich. »Kann sich vielleicht einer um meinen Sohn kümmern?« rief sie ärgerlich. »Wo sind denn die Ärzte?«

»Wo ist denn der Salat?« wiederholte Goliath störrisch.

Achtstein stieß ihm wütend den Ellbogen in die Seite. »Du solltest dir mal die Ohren ausputzen lassen, guter Gott«, zischte er. »Wir haben jetzt wirk-

lich andere Sorgen als deinen Salat!«

»Ich heiße Goliath; guter Goliath mußt du sagen«, wandte Goliath nachsichtig ein.

Achtstein knurrte wie ein gereizter Hund. Dann sprang er auf und in die Mitte. »Frau Bürgermeisterin«, rief er, »wir müssen jetzt sofort etwas unternehmen, solange ihre Anführer weg sind. Wir wollen alle hinüber ins Krankenhaus fliegen und Hans-Heinrich mitnehmen. Laßt uns nachsehen, ob dort noch unsere Ärzte sind.«

Die Bürgermeisterin nickte dankbar. »So wollen wir es machen«, sagte sie.

Und alle erhoben sich. Die beiden Sanitäter schnappten sich die Tragbahre, und der ganze Spatzenschwarm flatterte ins Krankenhaus im Krankenhaus.

Als sie dort ankamen, waren die meisten von Zackenbackes Männern total betrunken. Sie hatten Mullbinden wie Luftschlangen überall aufgehängt und grölten und lachten.

»Wo sind die Ärzte? Und wo sind die Patienten? Was habt ihr mit ihnen gemacht?« rief Achtstein schon von der Dachluke in den Saal.

»Ich mach euch alle fertig«, schrie Goliath.

»Schaut euch doch den Hosenkacker an«, schrie eine der Tauben und wälzte sich vor Lachen im Bett herum.

Goliath stürzte sich auf ihn. »Du sagst mir jetzt sofort, wo die Lotte ist, äh, ich meine – wo sind die Ärzte?«

Der Yukiyuki-Taubenmann lachte noch lauter als zuvor. So lange, bis Goliath ihn am Flügel schnappte und aus dem Bett warf. Der Taubenkopf und der harte Boden trafen sich zu einer kurzen Begrüßung. »Aua«, sagte er erstaunt.

Goliath packte ihn am Kragen und schüttelte die fette Taube mühsam bei jedem Wort: »Du-sollst-mir-jetzt-sagen,-wo-die-Lotte-ist!«

Achtstein sprang hinzu und schubste Goliath weg. »Du Blödmann mit deiner Lotte! Deine Lotte hängt mir zum Hals heraus. Motte, habe ich gesagt, Motte, Motte, MOTTE!« rief er verzweifelt. »Wo sind die Ärzte?« fuhr er den Taubenmann an.

»Wir haben sie … in ein Zimmer … gesperrt, alle, alllallalle, auch … die Patienten«, röchelte dieser. Dann fiel er in Ohnmacht.

»Schnell jetzt, wir werfen sie alle aus den Luken«, sagte Achtstein und winkte den anderen, ihm zu folgen. Die Yukiyuki-Tauben waren so betrunken, daß es vielleicht sogar geklappt hätte.

In diesem Moment aber baten die Sanitäter um Ruhe und flüsterten der Bürgermeisterin und ihrem Mann eine schreckliche Nachricht zu. Hans-Heinrich, der junge Spatzenmann, war gerade gestorben. Alle Spatzen waren niedergeschlagen, mutlos und voller Mitleid mit der Bürgermeisterin und ihrem Mann. Sie befreiten leise die Ärzte, schafften die Patienten hinüber auf den Dachboden der Bank und nahmen mit, was sie noch brauchen konnten. Dann suchten alle still ihre Nachtplätze auf. Voll von Sorge und schlimmer Ahnungen lagen sie in ihren Betten und konnten nicht einschlafen. Viele fanden keine Ruhe, weil ihre Mägen leer waren. Denn seit der Taubenschwarm hier eingefallen war, hatte kaum ein Spatz noch etwas Eßbares auf der Straße gefunden. Achtstein, Hermännchen und Goliath, die sich neben dem neuen Krankenzimmer auf dem Dachboden der Bank eine Ecke zum Schlafen eingerichtet hatten, saßen noch zusammen.

»Wir können uns nicht wehren gegen sie«, jammerte Hermännchen vor sich hin. »Was hätte es genützt, wenn wir sie aus den Dachluken geschmissen hätten? Sie wären einfach wiedergekommen. Wieso tut eigentlich Zackenbacke immer das, was Bonzo will? Ich ver-

stehe das nicht! Er ist so stark, er könnte Bonzo doch in Grund und Boden hauen!«

»Na, denk mal nach«, meinte Achtstein. »Wieso heißt der Chef wohl Hypnose-Bonzo? Habt ihr es nicht gesehen? Bonzo muß nur einmal mit der Kette scharren, dann wird Zackenbacke brav wie ein Lamm. Was meinst du dazu, Goliath?«

Doch Goliath horchte gerade nach innen. »Ich habe solchen Hunger«, sagte er kläglich.

»Und ich habe Angst«, gab Achtstein zu. Als Hermännchen ihn daraufhin entsetzt ansah, zuckte er die Schultern. »Ja und?« sagte er trotzig. »Ich kann doch auch mal Angst haben. Und weißt du auch warum, Hermännchen?«

Goliath mischte sich ein. »Warum fragst du nur Hermännchen?« wollte er wissen. »Bist du mir noch böse wegen der Lotte? Ich habe nichts dagegen, daß sie kommt. Im Gegenteil! Ich würde mich freuen. Wenn sie nur nicht so viel ißt.«

Achtstein schaute Goliath kopfschüttelnd an und tippte sich an die Stirn. »Seit seinem Unfall ist es schlimmer als vorher. Er kapiert überhaupt nichts mehr. Hoffentlich gibt sich das mit der Zeit«, flüsterte er Hermännchen zu. »Wißt ihr, warum ich Angst habe?« wiederholte er dann laut. »Weil alles an uns hängenbleibt. Die Bürgermeisterin und ihr Mann werden sich jetzt um nichts mehr kümmern, und das kann ich auch verstehen. Der Polizeichef ist ein Angsthase und wird sich irgendwo verstecken. Die anderen sind entweder zu alt, zu jung oder ha-

ben Familien, für die sie sorgen müssen. Die einzigen, die es sich leisten können, ihren Hals zu riskieren, sind wir.« Er brach ab und schloß die Augen.

Und während jeder seinen trüben Gedanken nachhing, gingen die Mäuse mit leisen Trippelschritten auf Nahrungssuche. Von der Kirchturmuhr klangen zwölf Mitternachtsschläge pünktlich und beruhigend wie immer herüber. Schließlich schliefen alle drei doch noch ein.

Es geht los

Am nächsten Morgen fuhr Achtstein in die Höhe und blickte sich erschrocken um. Aber alles schien ruhig. Die Ärzte untersuchten die Patienten, die meisten konnten entlassen werden. Hermännchen lag mit geschwollenen Augen neben Goliath. Anscheinend hatte er sich in den Schlaf geweint.

»Achtstein«, murmelte Goliath erwachend, »zehn Regenwürmer, du hast sie mir versprochen. Wo sind sie?«

»In Lottes Salat«, sagte Achtstein kurz. Goliath starrte ihn mit offenem Schnabel an.

Hermännchen rührte sich. »Wollen wir Frühstück suchen?«, fragte er und seufzte. Als sie aber durch das Schlupfloch auf den Rand der Regenrinne flatterten und hinuntersahen, stießen sie einen dreifach jammervollen Schrei aus.

Der ganze Münchner Platz war voll mit Tauben, die nervös herumwatschelten und darauf warteten, daß die Damen mit den Futtertüten kamen und daß die Pommesbude öffnete. Goliath hielt sich mit einem Schmerzenslaut den leeren Magen.

»Tauben, nichts als Tauben. Es sind doppelt so viele wie gestern«, flüsterte Hermännchen. »Achtstein, es

ist gut, daß du sieben Steine mehr hast als der schlaue Einstein. Jetzt kannst du sie brauchen.«

»Er soll sie ihnen auf den Kopf werfen, die Steine«, knurrte Goliath, »dann können sie die Steine fressen. Ich bin schon ganz wackelig vor Hunger.«

In diesem Moment kam der Polizeichef angeflattert und landete genau vor ihnen auf dem Fensterbrett.

»Es ist ja toll, daß Sie auch mal auftauchen. Einen schönen guten Tag wünsche ich. Wie geht's der Familie?« sagte Achtstein spöttisch.

Doch der Polizist überhörte die Begrüßung. »Wir müssen sofort etwas unternehmen«, sagte er. »Ausgerechnet jetzt, im Winter, können wir uns das nicht gefallen lassen, sonst gehen wir alle dahin, wo Hans-Heinrich ist.«

»Ist er weg?« wollte Goliath wissen. »Wohin? Bestimmt weit weg in den Süden und läßt sich die Trauben und die Bananen in den Mund wachsen. Das

sieht ihm ähnlich. Haut ab und läßt uns in der Not alleine.«

»Goliath!« sagte Achtstein.

»Es muß eine Abordnung zu den Tauben«, meinte der Polizeichef. »Ich schlage vor, daß ihr das macht, Achtstein und Goliath. Ihr müßt mit ihnen reden. Sie müssen einsehen, daß sie nicht bleiben können. Es geht um unser aller Leben.«

Hermännchen fuhr auf und schlug wild mit den Flügeln. »Was soll das?« fragte er empört. »Ich bin auch noch da. Warum sollen Goliath und Achtstein alles erledigen und ich nichts? Ihr glaubt wohl alle, daß ich feige bin. Da schaut her!« Und er stürzte sich mit einem wilden Aufschrei hinunter auf den Platz.

»Was ist denn in Hermännchen gefahren?« sagte Achtstein und schaute seinem Freund fassunglos nach. »Vielleicht ist das die mutige Tat, von der er immer gesprochen hat. Ausgerechnet jetzt will er seinen Mut beweisen. Er weiß wahrscheinlich noch nicht einmal, was er da unten soll. Ihm nach, Goliath.«

Ohne lange zu überlegen, schossen die beiden Spatzen hinter Hermännchen her. Doch der war schon spurlos im Taubengewühl verschwunden. Achtstein schaute angestrengt nach unten. Wo die meiste Bewegung unter den Eindringlingen war, da mußte er sein.

Atemlos und zitternd vor Angst landeten sie genau vor Zackenbacke und Bonzo, der böse lächelte. »Zackenbacke, habe ich nicht gesagt, daß ich von diesem Lumpengesindel keine Feder mehr sehen mag?« sagte er leise und nahm die Kette von der Schulter.

Das leise Geräusch, das dabei entstand, jagte Acht-stein eine Gänsehaut über den Rücken. Doch er nahm all seinen Mut zusammen. Der Spatzenschwarm mußte gerettet werden und Hermännchen auch. Er atmete tief durch. Vielleicht konnte er Bonzo mit Frechheit beeindrucken. »Du aufgeblasener Luftballon, du miese Chefwurst, wo ist unser Hermännchen?«, sagte er, so laut er konnte. »Er ist ungefähr hier gelandet. Wir haben es genau gesehen, nicht wahr, Goliath?«

Goliath schüttelte den Kopf und hob entschuldigend beide Flügel. »Ich habe leider gar nichts gesehen, Achtstein. Ich konnte nichts erkennen, weil ich so schnell geflogen bin.«

Bonzos Augen funkelten dunkelrot. Aus seinem schmalen Schnabel kam ein Röcheln. Er war so wütend, daß er sich direkt an Achtstein wandte. »Diese Beleidigung vor all meinen Leuten wirst du mir büßen«, flüsterte er gepreßt. »Du wirst dir noch wünschen, schon als Ei aus dem Nest gefallen zu sein.«

Statt einer Antwort spuckte Achtstein vor Bonzo auf den Boden und tippte sich an die Stirn. »Hermännchen, Hermännchen, wo bist du?« schrie er und versuchte, über die Tauben hinwegzusehen. Doch er hörte nur das spöttische Gurren der Tauben und sah ihre kalten, mordgierigen Augen. »Schnappt sie euch«, hörte er Bonzo schreien. Sofort bildete die Yukiyuki-Truppe einen dichten Kreis um ihren Chef. Zackenbacke und zwei seiner Weißbänder stellten sich mit gespreizten Beinen kampfbereit hin.

Achtsteins Knie wurden weich, und auch Goliath erinnerte sich.

»Du, Achtstein«, sagte er, »die stehen schon wieder so komisch da. Gleich tut es weh.«

»Stimmt, laß uns sofort abhauen. *Sofort*«, rief Achtstein und erhob sich blitzschnell in die Luft.

Als sie wieder heil auf ihrer Fensterbank landeten, war Achtstein erleichtert.

»Ich habe es fast nicht geschafft«, jammerte Goliath, »meine Flügel sind schon ganz schwach.«

»Hermännchen, armes Hermännchen, wo bist du bloß?« sagte Achtstein und sah hinunter auf den Platz. Die zwei alten Damen, die im Winter jeden Morgen mit Brot- und Kuchenresten zum Münchner Platz kamen, waren gerade angekommen. Sie standen in einem Meer von flatternden und fressenden Tauben. Nach und nach erschienen die ersten Pommes-frites-Esser an der Bude, die immer mal wieder etwas fallen ließen.

Achtstein stürzte sich wütend auf den Polizeichef. »Du bist schuld, daß Hermännchen weg ist«, schimpfte er und schüttelte ihn. »Erstens ist es deine Aufgabe, die Tauben zu verjagen. Zweitens hättest du ihn nicht beleidigen dürfen, indem du ihn einfach übergehst. Du weißt, daß wir immer alles zu dritt erledigen.« Er ließ plötzlich von dem Polizeichef ab und setzte sich weinend in eine Ecke.«Ich habe aber auch ein schlechtes Gewissen, Goliath. Wie oft habe ich mich über ihn

lustig gemacht, ihn Hermann Hosenscheißer und Eierschalenlutscher genannt. Heute wollte er beweisen, daß er nicht feige ist. Sagte er nicht immer, er wolle eines Tages etwas ganz Mutiges tun, Goliath? Was er getan hat, war ja auch mutig. Aber es war Mut zur falschen Zeit und am falschen Platz. Jetzt haben sie ihn erwischt, und sie werden ihn ausrotten mit Schwanz und Schnabel.«

Inzwischen hatte sich fast der ganze Spatzenschwarm wieder auf dem Dachboden der Bank eingefunden. Keiner brachte eine erfreuliche Nachricht mit.

»Die Tauben sind überall«, klagte eine alte Spatzenfrau mit grauen Federn und trüben Augen.

»Sie haben uns von unserer Mauerecke vertrieben«, berichtete Herr Winterklee, Hermännchens Vater.

»Uns auch!« riefen andere.

»Wir wagen uns nicht mehr auf die Straße«, rief Herr Nettelbeck.

»Meine Kinder haben Hunger«, sagte eine junge Spätzin, »was soll ich ihnen geben? Mein Mann hat sich heute Nacht davongeschlichen, um etwas Eßbares zu finden. Er ist bis jetzt nicht nach Hause gekommen!«

»Hermännchen auch nicht!« gab Achtstein leise zu.

»O du gute Motte, was für ein Unglück. Unser liebes Hermännchen«, klagte Frau Winterklee. Hermännchens Vater nahm sie in den Arm.

»Lotte? Hatte da jemand ›Lotte‹ gesagt? Ist sie end-

lich doch gekommen?« Goliath öffnete den Schnabel und plusterte sich auf.

Doch er wurde unsanft von Achtstein gebremst. »Jetzt noch ein Wort von Lotte, und ich trete dir in die Federn«, zischte er. Er hüpfte auf Hermännchens weinende Mutter zu und versuchte sie zu trösten. »Was er gemacht hat, war sehr dumm, aber auch mutig, Frau Winterklee. Er wollte uns allen helfen. Hermännchen ist ...« Er unterbrach sich und weinte ebenfalls. »Vielleicht lebt er ja noch. Wir sehen nach, sobald die Tauben den Platz geräumt haben. Kommt, laßt den Kopf nicht hängen, vielleicht taucht er ja wieder auf. Wir wollen sie beobachten.«

Und alle Spatzen setzten sich auf die Regenrinne, einer dicht neben den anderen. Eisig pfiff ihnen der Wind um die Schnäbel, ihre Mägen knurrten und die Kinder weinten. Sie starrten mutlos hinunter, wo sich die Tauben um die beiden Damen und die Bude drängelten. Sie warteten und wußten nicht, worauf.

Als gegen Abend endlich die letzte Taube verschwunden war, machten sich Achtstein und Goliath auf die Suche. Aber sie fanden nur den Mann der jungen Frau im Rinnstein. Er war schlimm zugerichtet. Achtstein rief die Sanitäter und gab ihnen den Auftrag, den Verletzten, sobald er wieder bei Besinnung war, nach Hermännchen zu fragen.

Angstvoll spähten sie in jede dunkle Ecke, hoben hier eine alte Zeitung vom Boden auf und wühlten dort mühsam einen gefrorenen Laubhaufen durch,

aber sie konnten Hermännchen weder tot noch lebendig entdecken.

Mit dieser Nachricht, die eigentlich keine war, flogen sie zurück zu den anderen, die sich wieder auf den Speicher zurückgezogen hatten.

»Was jetzt?« fragte Achtstein und sah in die Runde.

Die Bürgermeisterin, die sich von ihrem Schicksalsschlag noch nicht erholt hatte, wandte sich an den Polizeichef. »Du bist verantwortlich in einem Notfall wie diesem«, sagte sie, »nun laß dir etwas einfallen. Mein Mann und ich ziehen uns zurück. Ich gebe das Bürgermeisterinamt ab.«

Der Polizeichef schüttelte den Kopf. »Ich mache auch nicht mehr mit«, sagte er zitternd, »ich lege auch mein Amt nieder. Ich gebe das Polizeichefamt ab. Soll Achtstein sich doch drum kümmern. Er hat doch immer so gute Einfälle. Und reißt am weitesten sein Maul auf. Immer weiß er alles besser. Wozu hat er auch

sieben Steine mehr als der schlaue Einsteinmensch?«
Er lachte laut. Es klang fast ein bißchen verrückt.
»Wenn er so schlau ist, soll er sagen, was wir jetzt zu
tun haben, und zwar, bevor wir alle tot sind.«

Goliath erhob sich eilig. »Du Achtstein, laß mich
doch endlich auch einmal die Steine sehen«, bat er
freundlich, »alle reden von deinen Steinen, nur mir
hast du sie noch nie gezeigt. Ich mag Steine, auch
wenn man sie nicht essen kann.«

»Ich habe sie nicht mehr!!!« schrie ihn Achtstein
aufgebracht an. »Deine Lotte ist mit den Steinen
durchgegangen. Heute in der Nacht habe ich die Lotte
gesehen. Sie rannte durch die Straße, unter dem einen
Flügel den Salat, unter dem anderen die Steine. Es ist
nichts mehr da, keine Lotte, keine Steine, kein Salat!«

Achtsteins Stimme war schrill geworden, seine
Augen traten aus den Höhlen, sein Hals schwoll an.
Fassungslos starrte Goliath ihn an. So hatte er seinen
Freund noch nie gesehen. Beleidigt schwieg er, drehte
sich mit dem Schnabel zur Wand und pfiff ein kleines
trauriges Lied.

Als Achtstein, dem der Hunger wie allen anderen
schwer zu schaffen machte, sich wieder beruhigt hatte,
entschuldigte er sich bei Goliath. Dann atmete er tief
durch.

»Leute, hört her, ich mache euch einen Vorschlag.
Ihr sucht euch gleich morgen früh einen anderen Platz,
wo ihr genug Futter findet. Versucht es am Stadtrand
in der Nähe des Müllplatzes. Weil ihr alle schon
schwach seid, muß es mit dem Umzug schnell gehen.

Die Sanitäter sollen auch den letzten Patienten dahin transportieren. Ich weiß, es ist nicht die richtige Zeit dazu, aber baut Nester für die Kleinsten und Schwächsten, dann haben sie es wenigstens schön warm. Nehmt dazu alles, was ihr erwischen könnt. Zeitungspapier, Stoffstücke und solches Zeug. Fragt die Möwen, die dort hausen, ob ihr für eine Weile dableiben dürft. Sie werden nichts dagegen haben, solange ihr euch von dem ernährt, was sie übrig lassen. Einer von euch soll Goliath und mir Bescheid sagen, wie es euch geht. Denn wir werden hierbleiben und nachforschen, was mit Hermännchen passiert ist. Vielleicht ziehen die Tauben ja auch bald wieder ab, dann rufen wir euch zurück.« Er hüpfte zu Goliath hin und legte ihm einen Flügel um die Schulter. »Einverstanden, Goliath, bleibst du bei mir?« fragte er den Freund. »Ich brauche dich nämlich.«

»Klar«, antwortete Goliath mürrisch und ohne sich umzudrehen. »Ich möchte bloß wissen, wann ich meine zehn Regenwürmer von dir bekomme.«

Wieder atmete Achtstein tief durch. »Sobald der Boden nicht mehr gefroren ist«, versprach er geduldig.

Als sich die anderen am nächsten Morgen gesammelt hatten, wünschten sie den beiden Freunden Glück und zogen traurig ab. Goliath sagte nachdenklich in die entstandene Stille: »Das war aber nicht sehr nett.«

Achtstein nickte bekümmert. »Da hast du recht. Es ist schlimm, sie so leise und hungrig abziehen zu sehen. Aus der Heimat auf den Müllplatz! Weit ist es mit uns gekommen.«

Goliath grinste nachsichtig. »Das meine ich doch gar nicht, Achtstein. Heute morgen bist du aber nicht sehr helle. Ich meine doch, daß Lotte mit den Steinen *und* dem Salat durchgebrannt ist.«

Achtstein schüttelte traurig den Kopf. »Wenn alles nicht so furchtbar wäre, würde ich jetzt platzen vor Lachen«, sagte er und weinte.

Goliath war offensichtlich verwirrt. »Achtstein, das bin ich, du verwechselst dich mit mir. Du weinst ganz umsonst. *Ich* platze, wenn ich lache«, berichtigte er, »wegen meiner Narbe, weißt du. Du hast doch gar keine, oder?«

Doch er bekam als Antwort nur ein leises Wimmern.

»Wo mag das Hermännchen bloß sein?« sagte Goliath ratlos.

Wie wird man bloß diese Tauben los?

Gegen Mittag erhob sich Goliath und rüttelte Achtstein unsanft an der Schulter.

»Ich fliege jetzt los und sehe nach, ob nicht irgend etwas Eßbares herumliegt«, sagte er wildentschlossen. »Ich bringe dir auch etwas mit, du wirst sehen. Aber nur, wenn ich etwas finde, sonst nicht.«

Achtstein nickte schwach. »Komm bald wieder, Goliath!« bat er. Dann sank er erschöpft in die Kissen zurück. Es war nicht nur der Hunger, der ihn so schwach machte. Er hatte keine Hoffnung mehr. Er wollte aufgeben. Zum ersten Mal in seinem Leben wollte er aufgeben. Nur der Gedanke an Hermänn-

chen, der vielleicht gerade von Zackenbacke und seinen Männern fertiggemacht wurde, hielt ihn davon ab, liegenzubleiben und einfach auf den Tod zu warten. Und der Gedanke an die anderen, die am Müllplatz mühsam ums Überleben kämpften. Nachdem er sich geschworen hatte, in Zukunft nie mehr über Langeweile zu klagen, schlief er wieder ein.

Nachmittags kam sein Vater angeflogen und brachte ihm einige Brotkrusten.

»Wie geht es Mutter und den anderen?« fragte Achtstein kauend.

»So einigermaßen«, berichtete sein Vater. »Wir haben gerade genug, um nicht zu verhungern. Aber es ist zu wenig, um noch Freude am Leben zu haben. Die Möwen ließen uns auf den Bäumen um den Müllplatz herum unsere Nester bauen. Wir durften uns auch Lumpen und Papier nehmen. Aber wehe, wenn einer von uns sich nach etwas Eßbarem bückt. Dann ist die ganze Bande da und jagt ihm gnadenlos den Brocken wieder ab. Nur ab und zu, wenn sie gerade nicht hinsehen, können einige von uns etwas ergattern. Das bekommen dann die Kleinsten und die Alten.«

Achtstein, dem die Brotkrusten köstlich geschmeckt hatten, fühlte sich etwas stärker. »Wenn alles wieder in Ordnung ist, werde ich mir die Müllplatzmöwen einmal vorknöpfen«, knurrte er großspurig, »diese verfressenen Geizkragen.«

»Genau das könnten die Tauben auch über uns sagen«, meinte Herr Weidenbusch nachdenklich, »verfressene Geizkragen. Wir benehmen uns doch den

Tauben gegenüber genauso, wie die Möwen sich uns gegenüber verhalten, oder?«

Achtstein sprang auf, als habe ihn ein Floh gebissen. »Habt *ihr* vielleicht Möwen totgeschlagen? Hans-Heinrich ist tot. Seid *ihr* so viele, daß die Möwen selbst nichts mehr zu essen haben und verhungern müssen? Wollt *ihr* sie für immer vom Müllplatz vertreiben? Nein, nein und nein! Also kann man das nicht vergleichen, Papa. Wir wollen doch alle nur in Frieden am Münchner Platz leben, nicht wahr?«

Sein Vater winkte ab. »Ich glaube nicht, daß wir jemals wieder zurückkehren«, sagte er leise und sah sich auf dem Dachboden um. »Habt ihr Hermännchen inzwischen gefunden? Und wo ist Goliath?«

Achtstein erschrak. »Ach, du liebe Motte«, japste er. »Goliath ist um die Mittagszeit losgeflogen und jetzt dämmert es schon. Er wollte etwas zu essen suchen. Er ist schon einige Stunden weg, Vater! Was kann bloß passiert sein?«

»*Ich* weiß es doch nicht«, antwortete sein Vater traurig und erhob sich. »Ich fliege jetzt los, damit ich vor Einbruch der Dunkelheit wieder zurück bin, sonst ängstigt sich deine Mutter noch mehr. Sie wäre so froh, wenn du wieder zu Hause wärst, Achtstein!« Er flatterte zur Dachluke und spähte nach allen Seiten.

»Zu Hause? Am Müllplatz?« Achtstein verzog das Gesicht. »Ich bin doch hier zu Hause, Paps!« rief er seinem Vater nach. Doch Herr Weiden-

busch flog davon, ohne sich noch einmal umzudrehen. Achtstein schloß die Augen und dachte nach. Von der Straße drangen die Geräusche des winterlichen Lebens herauf. Kinder, die sich Schlitterbahnen angelegt hatten und nun kreischend auf den glatten Flächen hin und her rutschten. Mütter, die diese Kinder ins Haus riefen, an den warmen Ofen, an die gefüllten Teller. All das verstärkte Achtsteins Gefühl der Einsamkeit. Er wünschte, Hermännchens ewige Warnungen und das dumme Geschwätz von Goliath hören zu können. Jetzt waren beide Freunde verschwunden. Wann würden die Tauben auch ihn erwischen? Hin und her gerissen zwischen Angst und Wut malte er sich die fürchterlichsten Strafen für Bonzo und seine Bande aus. Dann zermarterte er sich den Kopf. Er mußte eine Lösung finden.

Als er schließlich zu einem Rundflug über die Stadt startete, hatte er sich einen ziemlich schlauen Plan ausgedacht, und er wollte doch mal sehen, ob der durchführbar war. Vorsichtig flog er am Krankenhaus vorüber. Er hatte Glück. Niemand sah ihn. Aufatmend verschwand er in der Dämmerung.

Währenddessen saß Goliath, verwundert über seine Lage, gefesselt auf dem Dachboden des Krankenhauses. Ächzend kramte er in seinem schwerfälligen Schädel nach einer Erklärung. Wie war er nur hierhergekommen? Sein Kopf tat scheußlich weh. Ach ja, er

hatte sich unter der Pommesbude nach einer Tüte gebückt. Durch das fettige Papier hatte er Ketchup-Reste und einige kleine Pommesstäbchen gesehen, und das Wasser war ihm im Schnabel zusammengelaufen. Doch bevor er zupicken konnte, war da ein Wispern hinter ihm gewesen. Sekunden später hatte er einen enormen Schlag auf seinen Kopf gespürt. Und das war das letzte, an das er sich erinnern konnte. Sie mußten ihn ohnmächtig hierhergebracht haben. Besonders schwer aber machte ihm zu schaffen, daß er nicht wußte, ob der Rest in der Tüte noch unter der Bude lag oder ob die Mistkerle von Zackenbacke sich darüber hergemacht hatten. Sobald er wieder frei war, würde er sich darum kümmern und Achtstein dessen Anteil mitbringen. Wie gerne hätte er seinem Freund ein Stäbchen in den Schnabel gesteckt. Er ruckte hin und her. Seine Flügel waren mit einem Strick fest auf dem Rücken zusammengebunden. So sehr er sich auch drehte und streckte, er konnte noch nicht einmal die Flügelspitzen bewegen.

Während er sich noch abmühte, ging die Türe auf, und Hermännchen kam herein. Aber was für ein Hermännchen! Er trug ein weißes Stirnband und hatte sich ein Wurfmesser um den Bauch geschnallt. Er warf dem völlig entsetzten Goliath einen kurzen, gleichgültigen Blick zu, als habe er ihn noch nie gesehen.

»Hermännchen«, flüsterte Goliath, »was haben die Mistkerle mit dir gemacht? Bonzo hat dich hypotonitisiert, nicht wahr? Komm her und schau mich an. Dann wirst du mich bestimmt wiedererkennen.

Komm! Oder tust du nur so? Um dich nicht zu verraten, stimmt's, Hermännchen?«

»Halt's Maul«, fuhr ihn Hermännchen grob an. »Mein Name ist übrigens Dreckwatz, und so möchte ich auch angesprochen werden! Und jetzt komm mit.« Mit diesen Worten riß er Goliath am Kopf hoch und schubste ihn zur Tür.

»Wohin bringst du mich denn, Hermännchen?« fragte Goliath beunruhigt, worauf ihm sein ehemaliger Freund einen beeindruckenden Tritt verpaßte. Anscheinend war er bei Yukiyuki-Meister Zackenbacke in die Lehre gegangen.

»Wie heiße ich?« fragte Hermännchen drohend.

Goliath tat ihm den Gefallen. »Dreckwatz«, sagte er kichernd.

Hermännchen holte aus und schlug ihm mit dem Knauf des Wurfmessers an die Schläfe.«Und jetzt sage meinen Namen ohne das idiotische Kichern!« bellte er.

»Dreckwatz«, wiederholte Goliath sehr ernst und meinte es auch so. Während er stolpernd neben dem zackig ausschreitenden Hermännchen, ach nein, neben Dreckwatz herlief, huschten ihm düstere Gedanken durch seinen gequälten Schädel. Wenn Achtstein erfuhr, daß Hermännchen ein Taubenknecht geworden war, würde er durchdrehen, da war sich Goliath sicher. Und er selbst hatte sich so piepsdoof fangen lassen. Vielleicht machte ihn der Zackenbarsch gleich jetzt fertig, dann war Schluß. Mit allem. Auch mit den köstlichen Regenwürmern. Und grünem Salat und knusprigem Brot. Und den Frauen. Nie würde er ein eigenes Nest haben, nie eine Frau und Kinder. Beinahe kamen Goliath die Tränen. Doch er beherrschte sich. Von diesen Kerlen sollte ihn keiner weinen sehen.

»Vielleicht wäre Lotte die richtige Frau für mich gewesen«, sagte er nachdenklich zu Hermännchen. »Wenn ich sie nur gesehen hätte, Hermännchen. Damals, weißt du noch? Wir saßen auf dem Baum und lachten, weil man meine Gedärme sehen konnte, und da sagte Achtstein so was wie ›ach, da kommt die liebe Lotte‹ oder so, und ich habe ihn schon mindestens hundert- oder zwanzigmal gefragt, wo sie ist und ob sie hübsch ist. Aber er hat mir nie darauf geantwortet. Hat nur geschrien mit mir, sobald ich sie erwähnt habe. Und dann ist sie mit dem Salat und Achtsteins Steinen abgehauen, ja. Mitten in der Nacht. Das war doch nicht nett. Wie findest *du* das denn?«

»Halt's Maul«, sagte Dreckwatz.

Goliath in Gefangenschaft

Dreckwatz brachte ihn in den ehemaligen Operations-
raum. Goliath erinnerte sich. Hier war er nach Achtsteins Mutprobe wieder zusammengeflickt worden.
Wie schön und unbeschwert war das Leben damals
noch gewesen. Er sah sich um. Überall lag Müll. In
einer Ecke stank ein Berg Taubenmist vor sich hin.

»Ich sage es ja immer, es sind Mistkerle, und das ist
der richtige Name für sie«, schimpfte Goliath. Er hatte
Sehnsucht nach Achtstein, nach den anderen Spatzen
und nach Dreckwatz, wie er früher war.

»Was passiert mit mir?« fragte er. Doch Dreckwatz
gab keine Antwort, sondern trat, als die Türe aufging
und Bonzo hereinkam, respektvoll zurück. Kurz darauf erschien auch Zackenbacke. Er löschte das Licht.
In dem dämmrigen Raum waren nur noch die Umris-
se der Anwesenden zu sehen. Bonzo kam ganz nahe
an Goliath heran. Zackenbacke beleuchtete mit einer
Taschenlampe Bonzos Kopf. Bonzo richtete zum
ersten Mal den Blick seiner bösen, kalten Augen voll
auf den armen Goliath. Es sah gespenstisch aus.

Goliath war auf alles gefaßt. Er spannte seine Muskeln an. Wenn sie ihn hauen würden, würde er sich
wehren, irgendwie. Doch Bonzo stand bewegungslos

vor ihm. Es war ganz still im Raum. Nur die Atemzüge der Anwesenden waren zu hören.

Goliath starrte sein Gegenüber wütend an. »Was sollen die Faxen, Mann? Ganz nah an mich ranrücken und dann nur glotzen«, fauchte er. »Fang endlich an! Du willst mich doch fertigmachen, oder?«

Bonzo spuckte angewidert auf den Boden. »Du hörst mir jetzt zu, du heimatloses Würstchen. Du hörst die Stimme deines Herrn und Meisters. Du bist froh, daß du bei mir bist. Du findest mich gut, du Wurm ohne Namen«, sagte er monoton.

»Ich heiße Goliath und finde dich zum Kotzen«, gab Goliath empört zurück. »Jetzt weiß ich, was ihr mit mir vorhabt. Ihr wollt mit mir dasselbe machen wie mit Hermännchen … äh … Dreckwätzchen, wollte ich

sagen.« Er schielte zu seinem ehemaligen Freund hinüber. Doch der rührte sich nicht. »Ihr wollt mich hyponotieren. Aber da kennt ihr Goliath schlecht!«

»Goliath ist nicht mehr da, es gibt keinen Goliath mehr«, flüsterte Bonzo.

»Was? Wieso?« fragte Goliath schockiert. Doch dann riß er sich zusammen. Er wollte sich von Bonzo auf keinen Fall überlisten lassen. Sein Gehirn, das sich seit dem Schlag, den es unter der Pommesbude bekommen hatte, immer mehr aufhellte, arbeitete mit aller Kraft. »Du könntest recht haben«, stimmte er Bonzo zu. »Wenn du mich freiläßt, ist Goliath tatsächlich in zwei Sekunden nicht mehr da.«

»Du bleibst hier!« mischte Zackenbacke sich ein. »Wir wollen mit dir nämlich den anderen hierherlocken, den Aufwiegler, den Spatzenverhetzer, den Majestätsbeleidiger, der keine Ruhe gibt. Und um den kümmere ich mich ganz alleine. Und ganz lange. Und wenn ich mit ihm fertig bin, dann darfst du gehen, meinetwegen.«

Bonzo, ärgerlich über Zackenbackes schwatzhaftes Benehmen, nahm die Kette von der Schulter. Er ließ sie, wie schon einmal, drohend über den Boden schleifen. Mit dieser kurzen Bewegung brachte er Zackenbacke zum Schweigen. Dann wandte er sich wieder Goliath zu. »Schau mich an, du Nichts«, gebot er. Goliath lauschte widerstrebend dem Kettengeräusch. Wie gebannt blickte er in die leblosen Taubenpupillen.

»Du bewunderst mich!« Bonzos Stimme wurde überraschend weich und einschmeichelnd. »Du

möchtest sein wie ich, genau wie ich. Du möchtest immer in meiner Nähe sein.«

Goliath schüttelte sich. Das war dann doch zuviel. »Denk doch nicht sowas!« lachte er ungläubig, »du irrst dich, Bonzo. Wenn dir das jemand gesagt hat, hat er gelogen. So sein wie du? Ha! Da wäre ich lieber ein frischer Hundehaufen.«

»Du bewunderst mich und möchtest mir dienen, dienen, dienen«, flüsterte Bonzo unbeirrt und riß die Augen weit auf.

»Nein!« Jetzt wurde Goliath ernstlich böse. »Hör bitte auf mit dem Quatsch, Bonzo. Ich habe scheußlichen Hunger. Und wenn ich Hunger habe, verstehe ich keinen Spaß. Dann will ich nämlich essen und nicht dienen!«

Bonzo wandte sich abrupt ab. »Bring den Hanswurst in das Zimmer nebenan.«

Zackenbacke sah erstaunt aus. »Was ist los, Boß«, fragte er, »das ist ja noch nie passiert! Schaffst du es nicht, ihn zu hypnotisieren?«

»Er ist einfach zu dumm«, sagte Bonzo und schüttelte den Kopf. »Er ist so dumm, daß ihn die Regenwürmer anpinkeln. Bring ihn weg.«

»Kann ich nicht vorher noch etwas zu essen haben, Boß?« fragte Goliath hoffnungsvoll.

Bonzo ging nicht darauf ein, sondern sprach weiter zu Zackenbacke. »Ich hätte dem frechen Großmaul da drüben in der Bank sehr gerne beide Freunde an meiner Seite gezeigt. Wie sie mich verehren und wie sie mir dienen. Vielleicht hätte ich beiden befohlen, ihren

Freund mit den Steinen ein wenig fertigzumachen. Das wäre doch die absolute Schau gewesen, oder? Aber wenn der dicke Blödmann da nicht mittut, fangen wir es anders an. Hängt ihn so in die Dachluke, daß er schön im Wind flattert und daß man ihn von der Bank aus sehen kann. Wenn der Herr der Steine da drüben aus dem Fenster schaut, *muß* er ihn sehen. Und wenn er in einer halben Stunde nicht da ist, um seinen Freund zu retten, dann laß deine Männer los, Zackenbacke. Sie sollen die ganze Stadt durchkämmen und sich nicht eher zurückwagen, bis sie ihn gefunden haben. Und wenn er dann hier ist, Zackenbacke, gehört er *mir*, hörst du? Daß du ihn ja nicht anrührst!«

Zackenbacke nickte. Er winkte Dreckwatz heran und beide brachten Goliath zur Dachluke, banden zusätzliche Stricke an seine Flügel und hängten ihn an einen Nagel, wo er tatsächlich im kalten Wind schaukelte. Sie stellten die Taschenlampe so auf, daß sie ihn gut beleuchtete. Zackenbacke beeilte sich, zu seinen Männern zu kommen. Er befahl ihnen, falls der Gesuchte nicht kommen würde, in einer halben Stunde die Stadt nach Achtstein zu durchsuchen.

Goliath schaute Hermännchen an. Doch in dessen Gesicht zeigte sich kein Mitleid. Goliath ächzte. Hatte er in der letzten Zeit nicht schon genug mitgemacht? Der Unfall; die Haue von Zackenbacke; der Pieksstern von Bonzo! »Hermännchen, ich habe Schmerzen«, flüsterte er, »überall.«

Doch Hermännchen gab ihm nur einen abschließenden Schubs, wodurch er noch heftiger hin und her schaukelte. Jetzt wurde ihm auch noch schlecht. Die Schultern taten ihm scheußlich weh. Aber noch mehr schmerzte es ihn, daß sein ehemaliger Freund Hermännchen ihm das antat. Als er endlich alleine war, konnte er die Tränen nicht mehr zurückhalten. Sie hinterließen eine eisige Spur auf seinem Gesicht.

Und während er sich verzweifelt gegen eine neuerliche Ohnmacht wehrte und immer mehr auskühlte, saß Bonzo mit Zackenbacke gemütlich in einer warmen Ecke, vor sich eine Flasche mit Massagealkohol.

»Meine Männer fliegen gerade los«, berichtete Zackenbacke zufrieden. »Sie werden ihn finden, Chef.«

»Wenn ich mich an dem Kerl gerächt habe«, lallte Bonzo, »dann vergrößern wir uns. Ich hole alle Tauben im Umkreis von zehn, ach was, hundert Kilometern hierher, dann gehört uns bald die ganze Stadt, und wir sind noch stärker, ja, das sind wir.« Und mit dieser schönen Vorstellung vor Augen kippte er um und fing an zu schnarchen. Und da Zackenbacke eifrig weitertrank und das kommende Taubenreich feierte, schnarchte er bald so durchdringend wie sein Chef.

Hilfe von unerwarteter Seite

Kurz vor Einbruch der Dunkelheit kam Achtstein zurück. Er hatte viel gesehen, hatte verschiedenes beobachtet und einiges ausgespäht. Hatte dies und das mit jenem verglichen. Hatte Pläne gefaßt und wieder verworfen. Schließlich war er sicher, daß es eine Möglichkeit gab, die Tauben loszuwerden und war ein wenig getröstet. Aber als er im Vorüberfliegen einen vorsichtigen Blick auf das Taubenquartier warf, sah er seinen Freund Goliath in der Luke hängen. Vor Schreck wäre er fast abgestürzt. Schockiert landete er in seiner Dachkammer.

»Goliath! *Da* hängt er also rum!« jammerte Achtstein und lief aufgeregt hin und her. »Hoffentlich ist er nicht tot! Was soll ich bloß machen, was soll ich bloß machen?«

»Tja, das weiß ich auch nicht!« sagte eine leise, spöttische Stimme hinter ihm.

Als Achtstein sich hastig umdrehte, sah er in der Tiefe des Speichers zwei glühende Punkte. Er wich zurück, bis er mit ausgebreiteten Flügeln an der Wand stand. Weit riß er die Augen auf und lauschte mit angehaltenem Atem. Die Angst sackte vom Kopf in den Bauch und von dort in die Knie. Wer war das? Die

Stimme hatte nicht wie die einer Taube geklungen.
Achtstein wartete ergeben. Wer immer es war und was
immer er von ihm wollte, er sollte es haben. Achtstein
hatte genug von allem. Endgültig Schluß und aus.
»Wenn du mich fressen willst, dann mach's kurz«,
sagte er heiser in die Dunkelheit.

»Pfui Teufel!« flüsterte das unheimliche Ding.
»Wenn du aber eine Portion Butzikätzi mit Wildkaninchen wärst, hätte ich nichts dagegen.«

Die Augen kamen näher, und Achtstein erkannte in
dem blassen Licht, das durch die Schlitze auf den
Boden fiel, eine graue Katze mit einem seidigen Fell.
Auch gut, dachte er. Goliath hängt im Wind.
Hermännchen ist verschollen. Unser Schwarm ist hei-
matlos und ernährt sich von Abfällen. Und ich, ich
werde halt von einer Katze zerrissen. Der Teufel soll

Bonzo und seine verdammte Bande holen! Auf Wiedersehen, schöne Welt!

Die Katze war genüßlich schnurrend nahe, ganz nahe an ihn herangetreten und schubste ihn ein wenig mit ihrer Pfote an.

»Kein Fell, sondern Federn, kaum Fleisch, nur Knöchelein, keine Öhrchen, kein Schwänzchen lang und dünn, nur ein Pürzel. Tsss, tsss, das scheint keine Maus zu sein!« sagte sie kichernd.

»Natürlich nicht. Ich bin Achtstein, ein Spatz, das sieht doch jeder!« Er lebte ein wenig auf. Wenn diese Katze so dämlich war, wie sie daherredete, hatte er vielleicht eine Chance.

Die Katze ließ von ihm ab. »Das weiß ich doch, du Dummkopf«, fauchte sie ärgerlich und schüttelte mißbilligend den Kopf. »Kaum läßt sich unsereins einmal zu einem Scherz hinreißen, schon glaubt der Pöbel, daß es keine gesellschaftlichen Schranken mehr gibt.« Sie setzte sich hin und fing an, ihre Pfote zu putzen. »Pfui Teufel«, murmelte sie hochmütig, »ist das ein Dreckspatz! Wieso ist er denn so schmutzig?«

»Er war bis eben am Bahnhof, und ein Bahnhof ist kein Ballsaal, ja? Und Güterwaggons sind keine Wohnzimmer, ja? Und wenn man etwas tut, wird man manchmal dreckig, ja? Aber davon scheinst du keine Ahnung zu haben. Und jetzt friß mich doch endlich«, schrie Achtstein entnervt. »Oder laß mich in Ruhe, du doofe graue Kuh! Ich habe genug andere Sorgen am Hals.«

Die Katze ließ die Pfote sinken. Ihr Nackenfell sträubte sich. »Graue Kuh??? Hast du ›doofe graue Kuh‹ gesagt?« Ihre Stimme war vor Empörung hoch und dünn.

»Hab ich«, erklärte Achtstein ungerührt, »weil ich deinen Namen nicht weiß! Und weil ich nicht weiß, was du von mir willst. Und wenn du mich nicht fressen willst, dann laß mich durch!«

»Tsss«, schnurrte die Katze gefährlich und drückte ihn zurück an die Wand, »langsam, langsam. Übrigens rate ich dir, nicht so herumzuzappeln. Ich habe zwar immer gegen primitive Jagdinstinkte angekämpft, aber wer weiß, ob nicht urplötzlich meine Katzennatur durchbricht. So, nun sperr die Ohren auf, falls du welche hast. Ich bin keine dahergelaufene Wald- und Wiesenkatze. Ich bin Salina von Rashnapur und stamme in direkter Linie von der Katze des Propheten Mohammed ab. Noch keiner hat je ungestraft ›doofe graue Kuh‹ zu Salina von Rashnapur gesagt. Ich muß mir für dich eine Strafe ausdenken, ja, das muß ich.« Sie begann aufgeregt, ihre Pfote noch einmal zu säubern.

»Ich weiß, wie die Strafe aussieht. Du wirst mich auffressen«, sagte Achtstein düster.

Wieder rief die Katze »Pfui« und verzog angeekelt das Gesicht. »Ich esse nur Butzikätzi mit Wildkaninchen«, antwortete sie hochmütig, »das habe ich doch schon gesagt, nicht wahr? Aber *das* hast du dafür!« Noch bevor Achtstein sich zurückziehen konnte, hatte ihm Salina von Rashnapur eine Ohrfeige verpaßt.

Achtstein rieb sich die Backe und steckte den Schlag kommentarlos weg. »Aber was willst du denn hier oben, Salina?« fragte er ratlos.

»SALINA? Wer hat dir das erlaubt?« schrie die Katze mit gesträubtem Fell. »Nenne mich ›Frau von Rashnapur‹ und sage ›Sie‹ zu mir, wenn dir dein Leben lieb ist.«

Achtstein verbeugte sich artig. »Frau von Rashnapur, was wollen Sie denn hier oben? Ich habe Sie noch nie auf dem Speicher gesehen. Wahrscheinlich Mäuse fangen. Nicht um sie zu essen, natürlich, nur so, zum Spielen«, fügte er schnell hinzu, als er sah, daß die Katze schmale Augen bekam.

Frau von Rashnapur, die immer noch heftig atmete, schüttelte wieder den Kopf. »Soll ich mir die Pfoten an Mäusen schmutzig machen? Dummkopf! Ich hatte ganz einfach Langeweile, das ist alles. Meine Dienerin, eine Menschenfrau, ist heute abend ausgegangen. Sie hat seit einigen Wochen einen Freund und läßt mich in letzter Zeit öfter alleine. Deswegen dachte ich, schau dich doch ein wenig um, Salina. Vielleicht triffst du Castor von Narsipeh oder sonst jemanden, der dir die Langeweile vertreibt. Und das habe ich getan, und deswegen bin ich hier.«

»Sie sagen Salina und du?« wollte Achtstein irritiert wissen, »dürfen Sie das denn?«.

»Natürlich!« antwortete die Katze. »Ich darf das.«

»Und warum darf ich das nicht?« fragte Achtstein fassungslos. »Wir im Schwarm sagen alle du zueinander.«

Die Katze gab keine Antwort. Sie spitzte nur vornehm den Mund und schloß langsam die Augen. Achtsteins Kopf arbeitete auf Hochtouren.

»Wenn es Ihnen langweilig ist, dann hätte ich schon Unterhaltung für Sie! Kommen Sie doch mit. Mein Freund Goliath ist in Not, wenn er nicht schon tot ist. Sie können mir helfen, ihn zu befreien. Sie haben sicher die vielen Tauben gesehen, die sich neuerdings bei uns herumtreiben. Sie haben einen von uns getötet und viele verletzt und meine Freunde gefangen. Wenn Sie mitkommen, Frau von Rashnapur, dann können wir mit ihnen fertigwerden. Wollen Sie?«

»Ich denke nicht daran!« meinte die Katze. »Warum sollte ich mich auf ein wer weiß wie gefährliches Abenteuer einlassen, um Spatzengesindel zu retten? Obwohl ich vor diesem primitiven Taubenpöbel natürlich keine Angst habe. Aber an diese Art der Unterhaltung hatte ich wirklich nicht gedacht. Ich gehe jetzt.« Würdevoll drehte sie sich um und stelzte davon.

Achtsteins Gehirn schaltete blitzschnell in den nächsthöheren Gang. »Er ist ein Prinz, er ist der Sohn des Spatzenkönigs!«, rief er dramatisch, »Retten Sie Prinz Goliath!«

Die Katze blieb nachdenklich stehen. »Ich wußte gar nicht, daß es Spatzenkönige gibt. Goliath? Das ist allerdings ein sehr alter Name. Seine Familie

muß mindestens so alt sein wie meine, wenn auch nicht so vornehm.« Wieder überlegte sie. »Na gut«, entschied sie nach einer Weile und drehte sich um, »ich habe nur eine Bedingung! Keiner darf mich berühren. Ich mag das nicht. Ich muß mich dann dauernd putzen, und dazu ist mir meine Zeit zu schade.«

»Abgemacht!« sagte Achtstein aufatmend, »keiner rührt Sie an. Goliath wurde auf dem Speicher des Menschenkrankenhauses gefangengenommen. Kommen Sie mit, Frau von Rashnapur, aber ein bißchen fix!«

»Ich bitte dich, nicht in diesem Ton mit mir zu sprechen«, mäkelte die Katze und warf Achtstein, der hinter ihr die Speichertreppe hinunterhüpfte, einen bösen Blick zu. »Meine Güte, hoffentlich sieht mich keiner von meinen Bekannten«, jammerte sie. »Warum tue ich das bloß? Wenn mich Castor von Narsipeh mit diesem Spatzen sieht, wird er die Nase rümpfen.«

Achtstein beruhigte sie. »Höchstens die Miezi vom Bäcker ist hier manchmal unterwegs, aber die ist so alt, daß sie fast blind ist.«

»Die Meinung des Pöbels interessiert mich nicht. Ich meine natürlich die Damen und Herren aus meiner Gesellschaftsschicht. Falls mich jemand darauf anspricht, kann ich ja sagen, daß ich ein gutes Werk getan habe. Das ist durchaus nicht unüblich bei Mitgliedern des Adels.«

Während Frau von Rashnapur auf diese Art ihre Bedenken zerstreute, waren sie auf Wegen, die nur Katzen kennen, bis zur Speichertüre des Taubenlagers

vorgedrungen. Achtstein lauschte. Alles war ruhig. Er versuchte sich zu erinnern, in welcher Luke Goliath gehangen hatte.

»Es ist besser, wenn wir gleich im richtigen Raum sind«, flüsterte er.

»Wieso?« flüsterte Frau von Rashnapur.

»Damit sie uns nicht doch noch erwischen! Sie sind furchtbar!« Achtstein unterdrückte eine aufkommende Panik.

Die Katze sah ihn mißbilligend an. »Wozu bin ich eigentlich mitgekommen?« wollte sie in normaler Lautstärke wissen.

Achtstein lachte erleichtert. »Ach so, ja. Das hatte ich vergessen. Verzeihen Sie, aber ich habe soviel mitgemacht in der letzten Zeit, daß ich gar nicht mehr weiß, wo mir der Kopf sitzt. Also versuchen wir es erst einmal hier.« Er öffnete die nächstbeste Tür, lugte vorsichtig um die Ecke und fuhr zurück. Da lagen Bonzo und Zackenbacke in einer Ecke und schnarchten. Zackenbackes linkes Bein steckte in einer leeren Flasche. Achtstein zog sich zurück. Warum sollte er schlafende Tauben wecken? Aber wo waren Zackenbackes Männer? Er winkte Frau von Rashnapur zur nächsten Tür, drückte sie auf und war im ehemaligen Operationszimmer. Da hing tatsächlich der arme Goliath, verschnürt wie eine Schmet-

terlingspuppe, und machte einen äußerst steifen Eindruck.

»Schnell, bitte, Frau von Dingsda, holen Sie ihn runter. Ich schaue inzwischen nach, ob noch Alkohol da ist, damit wir ihn abreiben können. Das wird ihn wieder zu sich bringen, falls er noch lebt.«

»Du reibst ihn ab, ich bestimmt nicht!« rief ihm Frau von Rashnapur ärgerlich nach. Sie sprang jedoch gleich hinauf und hangelte mit ausgestreckten Krallen nach dem Paketchen.

»Nicht so! Nicht!« quietschte Achtstein, als er zurückkam. Er hatte tatsächlich noch eine fast volle Flasche aufgetrieben. »Sie reißen ihm ja die Haut vom Leibe! Lösen Sie die Schnur, mit der er festgebunden ist, und lassen Sie ihn runter. Aber mit Gefühl!«

»Ich lasse mir von jemandem, der so tief unter mir steht, keine Befehle geben!« sagte die Katze bockig und ließ die Pfoten sinken.

»Dann komme ich halt zu Ihnen hinauf und sage es noch einmal: Holen Sie ihn sofort runter, aber mit Gefühl!« schrie Achtstein.

»Mit ›unter mir stehen‹ meinte ich eigentlich unsere unterschiedliche Gesellschaftsschicht.« Frau von Rashnapur nestelte mit beleidigtem Gesichtsausdruck an den verschiedenen Fäden herum, bis der steifgefrorene Goliath endlich vor Achtstein auf den Boden kullerte. Achtstein kippte Alkohol über ihn und rieb die Brust, den Kopf, die Beine, die Flügel und wieder die Brust ein, während die Katze sich die Pfoten säuberte.

»Goliathchen«, lockte Achtstein.

»Das muß ja ein feiner Prinz sein, den Hinz und Kunz einfach ›Goliathchen‹ nennen dürfen«, murrte die Katze. »Ich glaube, ich gehe. Ich bin es leid.«

Achtstein unterbrach seine Massage. »Sie müssen mir helfen, ihn nach drüben in die Bank zu schaffen. Hier können wir nicht bleiben!«

»Das finde ich allerdings auch! Was treibt ihr hier?« wollte eine barsche Stimme wissen, die aber zumindest für Achtstein nicht fremd klang. Überrascht schaute er nach der Tür. Da stand Hermännchen!

»Hermännchen!« Achtstein schluchzte auf und wankte mit ausgestreckten Flügeln auf den Freund zu. »Hermännchen! Bist du es denn wirklich?« Er sah ihm ins Gesicht. »Ja, du bist es. O du gute Motte. Wir dachten, du seist tot.«

»Hermännchen *ist* tot!« sagte Hermännchen und schubste Achtstein weg. »Mein Name ist Dreckwatz! Was machst du mit dem dicken Blödmann? Das ist unser Gefangener.« Als er hinter sich ein Geräusch hörte, drehte er sich erschrocken um. »Was ist das für ein graues Ungeheuer da in der Ecke? Ich rufe besser meinen Chef.«

Doch bevor Dreckwatz sich zur Tür bewegen konnte oder auch nur genug Puste für einen lauten Schrei gesammelt hatte, sank er zu Boden. Die frisch gesäuberte Pfote des ›grauen Ungeheuers‹ hatte in unsanft am Kopf getroffen.

»Bravo!« schimpfte Achtstein, »Das ist mein Freund Hermännchen, verstehst du? Du hast meinen Freund zusammengeschlagen. Er ist sonst immer ganz

lieb. Aber anscheinend hat Bonzo ihn hypnotisiert, dieser Mistkerl!«

»Das ›du‹ will ich nicht gehört haben. Schöne Freunde hast du«, spottete die Katze und begann mit ihrer gewohnten Putzaktion, »aber Pack schlägt sich, Pack verträgt sich. Eine Salina von Rashnapur nennt man nicht ›graues Ungeheuer‹, das weißt du doch am besten.«

Hinter Achtsteins Rücken begann es sich zu regen. Ungläubig sah er, wie Goliath sich langsam erhob und die Flügelspitzen aneinanderrieb. »Ach, du liebe Motte«, quietschte er, »Goliath, Spatzenkind! Bin ich froh, daß du lebst. Hermännchen lebt auch, weißt du? Jetzt müssen wir uns packen und abhauen, bevor die Yukiyuki-Heinis kommen.«

Goliath legte die Stirn in Falten. »Bin ich *hungrig*, Achtstein! Aber ich weiß, wo wir vielleicht etwas zu essen finden. Unter der Pommesbude ...« Dann fiel sein Blick auf Hermännchen. »Dreckwatz!« sagte er wütend. »Er ist hypo ... Und noch was, Achtstein. Hat der Mistkerl Bonzo bei mir auch versucht. Hat aber nicht geklappt. Dreckwatz ist jetzt auch ein Mistkerl geworden. Wenn wir heil aus der Geschichte rauskommen, rupfe ich ihm mit meinen eigenen Krallen die Federn aus. Das hat er nämlich verdient, wirklich.«

»Ich weiß, Goliath«, winkte Achtstein ab, »aber er kann doch nichts dafür. Den kriegen wir wieder hin, du wirst sehen. Mit einer Gegenhypnose.«

»Warum liegt er denn da so faul herum? Hast du

ihm eins auf seinen frechen Schnabel gegeben?«
fragte Goliath hoffnungsvoll.

»*Sie* hat ihm eins verpaßt!« antwortete Achtstein
glücklich und zeigte auf Frau von Rashnapur. Dann
senkte er die Stimme zu einem Flüstern. »Faß sie nicht
an, sie hat da einen schlimmen Tick«.

Goliath, der nicht im geringsten den Wunsch hatte,
eine Katze anzufassen, erhob sich überstürzt auf seine
schwachen Beine und versuchte vergeblich, in die Luft
zu kommen. Dabei versprühte er eine Menge Alkohol.

Die Katze sah kopfschüttelnd auf. »Prinz Goliath,
wie können Sie erlauben, daß man Sie anredet, als
seien Sie ein gewöhnlicher Bierkutscher.« Sie kicherte. »Entschuldigen Sie den Vergleich, aber der Alkohol
hat mich dazu inspiriert«, erklärte sie.

Goliath gab das lächerliche Geflattere auf und sah
sprachlos von der Katze zu Achtstein und wieder
zurück. Dann kniff er listig ein Auge zu. »Sie ist nicht
ganz dicht, oder?« fragte er erleichtert.

Achtstein nickte unmerklich. »Und frißt nur Butzikätzi mit Wildkaninchen, also brauchst du keine Angst
zu haben.«

»Bububutzi … wawawas?«

»Sie haben richtig gehört, Prinz«, sagte die Katze,
»ich speise nur Butzikätzi mit Wildkaninchen, obwohl
Castor von Narsipeh mir immer einreden will, es gäbe
viel besseres als das. Aber wie auch immer, jetzt muß
ich gehen. Auf Wiedersehen. Ich fühle mich nicht sehr
wohl in dieser Umgebung. Es ist alles so schmutzig,
und ein Prinz ist kein Prinz, wenn die Mitglieder sei-

nes Volkes ihn beim Vornamen nennen.«
Doch Achtstein bat sie, noch ein wenig
zu bleiben.

»Prinz Goliath«, sagte er ernsthaft
und verbeugte sich, »würden Sie mir
bitte sagen, wo die Yukiyuki-Heinis
sind? Bonzo und Zackenbacke liegen irgendwo betrunken in der Ecke.
Die können uns im Moment nicht gefährlich werden. Aber wo stecken die Weißstirnbänder?«

Goliath grinste verständnisvoll und winkte huldvoll
mit dem Flügel in die Runde. »Sü sünd hünwöggö-
flogen«, sagte er dann sehr vornehm zu der Katze, »sü
sochen Ochtsteun ün dör gonzen Stodt. Hatschüü!!«

»Danke für die Auskunft, Prinz Goliath, Gesundheit!« sagte Achtstein und verbeugte sich wieder, dies-
mal sehr tief, um sein Lachen zu verstecken.

Goliath rieb sich seine tropfende Nase und schielte
nach der Flasche. »Vülleucht töte mür eun Schlöck-
chen gut. Ös wörmt von ünnen, wönn mon von oßen
kolt geworden öst«.

Achtstein schüttelte den Kopf. »Den brauchen wir
noch«, sagte er nur und machte ein geheimnisvolles
Gesicht. Dann hielt er die Flügelspitze vor den Mund
und lauschte. Aus dem Zimmer, in dem die beiden
Taubenkerle lagen, kamen Geräusche, die offensichtlich Frau von Rashnapurs Ohren beleidigten. Sie kniff
empört die Lippen zusammen und wandte sich erneut
zum Gehen.

»Frau von Rashnapur«, flüsterte Achtstein ein-

dringlich, »lassen Sie sich bitte Hermännchen auf den Rücken legen, damit Sie ihn auf den Speicher der Bank transportieren können. Ich muß mich um Prinz Goliath kümmern, er scheint noch ein wenig schwach zu sein.«

Die Katze sah nicht sehr erbaut aus. »Na ja, gut«, meinte sie dann, »aber lege bitte ein sauberes Tuch zwischen ihn und mich.«

Achtstein tat, was sie verlangte. »Wenn ich meinen Kindern erzähle, daß eine leibhaftige Katzendame der besten Gesellschaft uns in unserer schwärzesten Zeit geholfen hat, werden sie mich für einen Aufschneider halten. Aber ich habe ja einen Zeugen, den Prinzen Goliath«, sagte er und hob Hermännchen auf Frau von Rashnapurs Satteldecke. »Auf geht's!« Leise, wie sie gekommen war, und um zwei Spatzenköpfe angewachsen, verließ die gemischte Gesellschaft das Krankenhaus.

Hermännchen wacht auf

Ungesehen und ungehindert kamen sie in die Bank zurück. Es war inzwischen völlig dunkel geworden. Frau von Rashnapur machte einen Katzenbuckel, und Hermännchen fiel auf die Bodenbretter.

»Ich gehe jetzt, ich bin müde. Außerdem habe ich das Gefühl, daß ich dringend ein Vollbad brauche«, sagte sie. »Und bitte – erzählt es keinem. Auch nicht euren Kindern. Es wäre mir furchtbar peinlich. Aber ich bin eben einfach zu gutmütig. Es ist mir ein Trost, daß es wenigstens ein Prinz war, den ich gerettet habe.«

»Vülen Donk för dü Röttung, meune Gnödige«, flötete Goliath sofort.

»Vielen Dank, Frau von Rashnapur«, sagte auch Achtstein und meinte es wirklich ernst. »Sie waren sehr nett zu uns.«

Die Katze wandte sich zum Gehen. »Ein wirklich vornehmer Charakter zeigt sich in seinen guten Umgangsformen, egal ob er es mit Gleichgestellten oder Minderwertigen zu tun hat, und hier habe ich es eindeutig mit Minderwertigen zu tun«, antwortete sie ihm über die Schulter.

Achtstein blies sich auf. Das war nun wirklich zu

viel. Die freundlichen Gefühle, die in seiner Brust für Frau von Rashnapur gewachsen waren, verwandelten sich in Empörung. »Ich bin nicht minderwertig!« protestierte er. »Keiner von uns ist minderwertig, merken Sie sich das!«

Doch Frau von Rashnapur war bereits in der Dunkelheit des Speichers verschwunden.

»Wos mochen wür jötzt?« fragte Goliath.

»Wahrscheinlich bringe ich dich um, Prinz«, verkündete Achtstein, »wenn du nicht innerhalb von zwei Sekunden wieder normal redest!«

»Moche üch, ond wos ein Prünz vörsprücht, dos hölt ör!« blökte Goliath.

»Goliath!« sagte Achtstein drohend.

»Dü zweu Sökondön sönd noch nöcht um!« zwitscherte Goliath aufsässig.

»Ganz heil scheinst du noch nicht zu sein«, meinte Achtstein, »wenn ich auch glaube, daß es in deinem

Oberstübchen wie durch ein Wunder ein wenig heller geworden ist. Du hast noch kein einziges Mal nach der Steinsalatlotte gefragt.«

Goliath lachte. »Du quatschst vielleicht blöd, Freund Achtstein. Steinsalatlotte, da weiß doch keiner, was du meinst. So'n Quatsch. Muß aber ein nettes Mädchen sein, die Lotte. Aber sie ist ja weg, oder? Und ich bin eigentlich auch noch zu jung zum Heiraten, nicht, Achtstein?«

»Vergiß die Lotte!« Achtstein winkte ab. »Vielleicht hat dich ja ein Schlag auf den Kopf wieder zurechtgerückt.«

Goliath dachte nach. »Unter der Pommesbude...« sagte er, »da war ein Schlag auf den Kopf und Ketchup, oder war das mein Blut?«

Achtstein unterbrach Goliaths geistige Reise in die jüngste Vergangenheit schroff. »Das kannst du mir später einmal erzählen. Laß uns jetzt nach Hermännchen sehen. Vielleicht hat ihm der Schlag von Frau Rashnapur auch gut getan.«

Sie legten Hermännchen auf eine Decke und rüttelten ihn so lange, bis er die Augen aufmachte. Sofort griff er nach seinem Messer.

»Was macht ihr hier?« knurrte er wütend.

»Ich glaube nicht, daß ihm der Schlag geholfen hat, Achtstein«, meinte Goliath. »Er hat immer noch so komische Augen und redet wie Dreckwatz.«

»Hermännchen!« sagte Achtstein eindringlich. »Hör mir zu, mein Freund!«

Hermännchen sprang auf und wollte sich auf Acht-

stein stürzen, doch Goliath war schneller. Er gab ihm einen kurzen Haken in die Magengegend, und Hermännchen sackte wieder in sich zusammen.

»Binden wir ihn.« Achtstein war sauer. »Wir haben wirklich genug Schwierigkeiten, ohne daß einen auch noch die eigenen Freunde umbringen wollen.«

»Ich will dich doch nicht umbringen«, widersprach Goliath empört, während er Achtstein half, Hermännchen zu verschnüren. »Aber du hast eben zu mir gesagt, daß *du mich* wahrscheinlich umbr…«

Achtstein unterbrach ihn. »Er wacht schon wieder auf. Sieh nur, wie er sich gegen die Fesseln wehrt. Er ist durch das Training bei Zackenbacke richtig stark geworden, unser Kleiner. Hermännchen, jetzt beruhige dich doch.«

Goliath mischte sich ein. »Er regt sich so auf, weil du Hermännchen sagst«, vermutete er. »Er heißt nämlich eigentlich Dreckwatz. Das hat er selbst zu mir gesagt.«

»Ich weiß. Aber während wir uns hier um Vornamen streiten, finden die Yukiyuki-Heinis zum Schluß doch noch ein Loch und kommen uns holen. Ich habe mir einen Plan ausgedacht, um sie loszuwerden, Goliath. Aber dazu brauchen wir unser gutes, altes Hermännchen, nicht den gemeinen Dreckwatz, obwohl er noch einmal als Dreckwatz seine Rolle spielen muß!«

»Was? Wie?« Goliath schaute Achtstein bestürzt an. »Wer? Wie meinst du das?«

»Ach, laß gut sein«, sagte Achtstein ungeduldig und wandte sich dem Gefangenen zu, der immer noch

herumwerkelte wie ein verrückter Entfesselungskünstler. »Hermännchen, Hermännchen! Hör mir gut zu. Du kannst jetzt etwas wirklich Mutiges tun. *Du* kannst helfen, unseren ganzen Spatzenschwarm zu retten. Denke einmal darüber nach. Deine Mutter, die dich eigenbäuchig ausgebrütet hat, hungert im Moment und lebt von dem Abfall, den die Möwen übriglassen. Wie gefällt dir das? Dein Vater, der mit dir viel länger als mit seinen anderen Kindern das Fliegen üben mußte, weil du so ein schwächliches Kind warst, sitzt in einem Nest aus Lumpen und friert. Ist das in Ordnung für dich? Goliath hier, unseren Freund und Schnullerbruder seit Babytagen, hast du ungerührt in die Dachluke gehängt und ihn beinahe erfrieren lassen Geht man so mit einem Freund um? Du benimmst dich wie Zackenbacke!«

Goliath schnaufte empört. »Ja, das stimmt, und er hat mich mit dem Messerknauf gehauen! Ganz fest, an den Kopf! Hatschi! Ich glaube, ich habe mich erkältet.«

Achtstein winkte ihm, ruhig zu sein. Denn er sah, wie Hermännchens Augen sich langsam veränderten.

»Alle haben Heimweh«, fuhr er fort, »aber solange diese Taubenkerle da drüben sitzen, können sie nicht zurückkommen. Deine Eltern sterben vielleicht, denn sie sind schwach, und ich habe gehört, daß sie alles, was sie zu essen finden, den Kleinen und den Alten geben. Und *du* willst zusehen? Willst weiter einer von Bonzos Dienern sein?«

Hermännchen war bei Achtsteins Vorwürfen im-

mer wacher geworden. Seine Augen wurden klarer mit jedem Wort, das Achtstein sprach.

»Nein, nein, das will ich nicht«, schrie er plötzlich und fing an zu weinen. »Mama, Papa, Schwester, Brüder«, schluchzte er.

»Siehst du, jetzt flennt er«, schimpfte Goliath. »Warum mußt du ihm auch so schlimme Geschichten erzählen.«

Achtstein richtete sich auf. »Das war ja einfacher, als ich gedacht hatte«, sagte er zu sich selbst. Er band Hermännchen los. »Das sind keine Geschichten, Dummkopf, das ist die Wahrheit«, sagte er zu Goliath. »Hermännchen, willkommen zu Hause.«

»Warum tut mir die Kopfhaut so weh?« jammerte Hermännchen.

»Frau von Rashnapur hat dir einen neuen Scheitel gezogen, weil ihr deine Frisur nicht gefiel« grinste Achtstein. »Ganz im Ernst, du hast ›graues Ungeheuer‹ zu der vornehmsten Katze des Viertels gesagt.«

»Dobeu üst sü wörklüch nött«, meinte Goliath, »ond weuß, wü mon möt feunen Prünzen rödet.« Als er aber Achtsteins bösen Blick bemerkte, fand er sehr schnell seine übliche Sprache wieder.

»Sie hat uns sehr geholfen, Hermännchen, und du warst enorm frech zu ihr, hatschiee!« erklärte er. »Achtstein, vergiß die Regenwürmer nicht, die du mir noch schuldig bist! Ich könnte zwei Ochsen auffressen, aber ich

habe leider keine. Ich könnte aber schnell hinunter-
fliegen und nachschauen, ob die Tüte mit den Ochsen
noch unter der Bude liegt! Äh …. Tüte mit Pommes,
meine ich natürlich.« Er mußte lachen. »Tüte mit Ochsen! So was Dummes! Ich bin ganz blöd vor Hunger.
Was man manchmal so redet, oder? Also, ich guck mal
nach!«

»Damit die Yukiyuki-Heinis dich gleich wieder
schnappen, wenn sie zurückkommen. Nein, nein, du
bleibst hier!« rief Achtstein. »Ich bin froh, daß ich
euch wieder beisammen habe.«

»Unser Freund hat auch alle wieder beisammen!«
stellte Hermännchen mit einem heimlichen Blick auf
Goliath fest, »was meinst du, Achtstein?«

»Er ist wieder auf dem Stand wie vor dem Ding mit
dem Personenkraftwagen«, antwortete Achtstein vorsichtig und tippte sich an die Stirn.

»Von wem sprecht ihr denn da?« quengelte
Goliath. »Achtstein, du brauchst gar nicht so blöd von
Personenkraftwagen zu sprechen, weil ich genau weiß,
daß du damit ein Auto meinst. Hermännchen, wenn
du mich damit gemeint hast, ob unser Freund wieder
alle beisammen hat, dann finde ich das sehr unhöflich.
Vor allem, weil du so gemein zu mir warst auf dem
Dachboden im Krankenhaus! Ich sollte es eigentlich
nicht sagen, weil Achtstein es nicht will, aber ein Prinz
muß sich *so* unhöflich nicht behandeln lassen.«

»Wieso Prinz?« fragte Hermännchen erstaunt.

»Du solltest ihm verzeihen, Goliath«, sagte Achtstein ungeduldig, »weil der schlimme Kerl Dreckwatz,

den du kennengelernt hast, nichts mit unserem lieben Hermännchen hier zu tun hat.«

»Hat er wohl«, knurrte Goliath. »Ich habe es genau gesehen, beide Male war es das *liebe* Hermännchen! Einmal hat mir das *liebe* Hermännchen auf den Kopf gehauen, dann hat er mich mit seinem *lieben* Fuß in den Hintern getreten.«

»So lieb wie vorher bin ich nicht mehr«, protestierte Hermännchen, »ich lasse mir nicht mehr alles gefallen!«

»RUHE!!!« schrie Achtstein aufgebracht. »Wir müssen mit dem gefährlichen Bonzo, dem gefährlichen Zackenbacke und seinen noch gefährlicheren Männern fertigwerden, und ihr redet stundenlang über Kickikacki-Pupse mit Pfiff!«

Eine Weile standen Goliath und Hermännchen verdutzt da, doch dann steckten sie auf ein versöhnliches Zeichen von Achtstein tuschelnd die Köpfe zusammen.

Hinaus mit den Schuften

Zehn Minuten später lehnte Hermännchen lässig oben an der Krankenhausdachluke. Goliath saß auf der Kastanie und ließ seinen Freund nicht aus den Augen. Viel konnte er nicht sehen, aber der Mond kam gerade hinter den Wolken hervor und tauchte die Stadt in sein blasses Licht. Es dauerte nicht lange, da rauschten und flatterten die Tauben mit den weißen Stirnbändern heran und ließen sich, als sie Hermännchen sahen, auf der Dachrinne nieder.

»Was ist los, Dreckwatz?« fragte Kratzer, der nach Zackenbacke der wichtigste der Yukiyuki-Männer war.

»Bonzo und Zackenbacke sind zum Bahnhof geflogen«, log Hermännchen. »Ihr sollt eure Hintern sofort nachschwingen. Einer hat den gesuchten Spatzen am Güterbahnhof gesehen, anscheinend will er abhauen! Weil ihr ewig nicht zurückgekommen seid, sind Bonzo und Zackenbacke alleine losgezogen. Aber sie sind ganz schön sauer, weil ihr ihn nicht gefunden habt, das kann ich euch sagen.«

»Alles sollen wir auf einmal machen«, schimpften die anderen Tauben, »Bank beobachten, Stadt ausspähen, zum Bahnhof fliegen ... «

Auf ein Zeichen von Kratzer schwiegen sie. »Besser, wenn einer der beiden uns das selbst gesagt hätte«, meinte er mißtrauisch.

»Fliegt in der Stadt herum und kommt nicht eher wieder, bis ihr den Herrn mit den vielen Steinen gefunden habt, hat Bonzo zu euch gesagt, nicht wahr?« Hermännchen schnippte, genau wie Bonzo es immer tat, gelangweilt ein Stäubchen von seiner Schulter. Kratzer kratzte sich unentschlossen am Kopf und nickte.

»Aber ihr habt ihn nicht gefunden und seid trotzdem wieder da, oder?« fragte Hermännchen. »Jetzt könnt ihr eueren Fehler wieder gutmachen und sofort zum Bahnhof fliegen, damit ihr ihn vielleicht noch vor dem Chef findet.« Er trat listig an Kratzer heran. »Bonzo hat mir gesagt, wer ihn bringt, wird sein Nachfolger«, flüsterte er.

Kratzer schabte sich ausgiebig das linke Bein. Das war eine verlockende Aussicht. Doch die Weißstirnbänder sahen äußerst unwillig drein. »Die Männer sind hungrig und müde«, sagte er.

Hermännchen zuckte mit der Schulter. »Ich habe hier noch eine Flasche von dem guten Massagetröpfchen, die dürft ihr leermachen, auf meine Verantwortung«, sagte Hermännchen. Zufrieden sah er zu, wie eine Taube nach der anderen zur Flasche watschelte, trank und wieder auf die Dachrinne zurückkehrte. Als die Flasche leer war, gab Kratzer das Zeichen zum Abflug. Ziemlich beschwipst flatterten sie los. Hermännchen schlich hinein und sah nach Bonzo und

Zackenbacke. Immer noch friedlich schlafend lagen beide auf dem Rücken und streckten die Beine von sich. Ein deutlicher Alkoholgeruch hing im Zimmer. Hermännchen zog sich zurück und flog hinunter zu Goliath, der unter der Pommesbude herumkramte, aber außer der leeren Tüte war nichts zu finden. Zeternd über die verfressenen Mistkerle knüllte er sie zusammen und kickte sie weg.

»Komm jetzt«, rief Hermännchen, »wir müssen nach Achtstein sehen. Wenn sein Plan geklappt hat, können wir uns in Ruhe satt essen. Sonst ist es zu gefährlich, das weißt du doch.«

»Ich habe aber jetzt Hunger«, klagte Goliath.

»Hunger, Hunger, Hunger, nichts anderes hört man von dir. Es ist richtig widerlich. Glaubst du, wir anderen haben die Bäuche voll oder was?«

Beleidigt schwang sich Goliath in die Luft. Hermännchen sah sich kurz um, dann folgte er seinem Freund. Sie flogen in gehörigem Abstand den Taubenmännern hinterher.

Inzwischen saß Achtstein am Bahnhof und beobachtete den Himmel. Schon von weitem sah er die Tauben vor der hellen Mondscheibe heranziehen. Sie flogen sehr unsicher und eng beieinander und drehten die Köpfe suchend in alle Richtungen. Achtstein spannte die Muskeln an und schüttelte die Flügel. Alles hing

jetzt von seiner Schnelligkeit und der Pünktlichkeit
der Bundesbahn ab. Er warf einen Blick auf den
Güterzug, dessen Motoren bereits leise schnurrten.
Eben schaltete der Lokführer die Scheinwerfer ein.
Die beiden Arbeiter, die die Waggons beladen hatten,
würden jeden Moment fertig sein. Einer fing schon an,
die hinteren Türen zu schließen. Es brummte und
knallte und krachte.

Achtstein hüpfte aus dem Schatten der Räder hinaus und flatterte zwischen den Gleisen hin und her.
Die Tauben sahen ihn auf dem hell erleuchteten Bahn-
hofsgelände sofort. Laut kreischend stürzten sie auf
ihn zu. Achtstein wartete bis zum allerletzten Augenblick, dann sauste er in die geöffnete Waggontür gleich
hinter der Lokomotive. Dort setzte er sich oben an
einen Belüftungsschlitz, der gerade groß genug war,
um einen Spatzen durchzulassen, der lange nichts
gegessen hatte. Hinter ihm kamen die Yukiyukis und
landeten scharrend auf dem Holzboden und den her-
umstehenden Kisten und Paketen. Im nächsten Moment wurde die Türe zugeknallt. Es war dunkel.

»Wo ist er?«

»Was ist denn jetzt los?«

»Ich sehe nichts!«

»Seid doch mal ruhig!«

»Irgendwo muß der Kerl ja sein!« Die Tauben riefen aufgeregt durcheinander und grapschten nach
allem, was sich bewegte.

»Bonzo? Zackenbacke? Seid ihr da?« rief Kratzer
hoffnungsvoll.

Achtstein kicherte. Jetzt war es soweit. Er hörte die Pfeife des Bahnhofvorstehers das Zeichen zur Abfahrt geben. Der Zug bewegte sich mit einem Ruck vorwärts, fuhr quietschend und ruckelnd über Weichen in seine Gleise und wurde schneller.

»Hiiiier bin ich!« schrie er triumphierend.

Die Tauben sahen nach oben und erkannten ihn in dem schmalen Lichtstreifen, der durch den Schlitz hereinfiel.

»Auf ihn! Schnappt ihn euch!«

Die Tauben machten sich alle auf einmal auf den Weg in die Höhe. Es war ein unbeschreibliches Durcheinander. Jeder schlug jedem die Flügel um die Ohren. Kratzer schaffte es, sich aus der Menge zu befreien und streckte hastig die Krallen nach Achtstein aus.

Doch Achtstein hatte alles genau berechnet. Er quetschte sich durch den Schlitz und war innerhalb

einer Sekunde verschwunden. Er sah nur noch, wie der Kopf von Kratzer bis zur Schulter steckenblieb. Dann wurde er vom Fahrtwind auf das Dach des Waggons gewirbelt, wo er kullernd aufschlug. Er breitete jubelnd vor Freude seine Flügel aus und ließ sich hoch in die Luft jagen, bis er sich aus dem Sog des Zuges befreit hatte. Er raste knapp über die Köpfe der beiden Bahnarbeiter hinweg, die, verdutzt über die merkwürdigen Vorgänge, dastanden und dem Zug nachstarrten.

»Weg! Sie sind weg!« lachte Achtstein. Er taumelte übermütig in der Luft herum, tanzte einen wilden Tanz um die Bahnhofsuhr, und landete schließlich atemlos auf dem Dach des Bahnhofgebäudes. »Sie sind wirklich weg!« japste er.

Neben ihm landeten Goliath und Hermännchen.

»Sie sind weg!« wiederholte Achtstein. Er strahlte seine beiden Freunde an. »Und jetzt habe ich Hunger.«

»Ich auch«, meinte Goliath, »ein bißchen! Kaum der Rede wert.« Er sah verlegen nach Hermännchen.

»Hat alles gut geklappt?« wollte Hermännchen wissen. »Sind auch wirklich alle weg?«

»Alle!« bestätigte Achtstein und atmete tief durch.

»Wohin?« erkundigte sich Goliath.

»Weit weg, hoffe ich!« grinste Achtstein.

»Wenn sie aber wiederkommen? Du weißt, sie können weite Strecken fliegen und haben einen erstklassigen Orientierungssinn«, sagte Hermännchen ängstlich.

Achtstein machte eine großspurige Geste. »Wozu bin ich Achtstein, schlauer als Einstein? Ich habe mir vorher natürlich alles genau angesehen und hatte großes Glück. In dem Waggon hinter der Lokomotive standen viele Kisten, Kinder, und es roch eindeutig nach Alkohol. Ich wette, die sind jetzt schon so besoffen, daß sie noch nicht einmal mehr wissen, wie sie heißen, geschweige denn, wo sie herkamen. Der Orientierungssinn ist also im Eimer. Wenn auch nur eine einzige Taube nach Hause findet, will ich Ernst-Emil heißen. Aber jetzt laßt uns etwas zu essen suchen, damit wir uns stärken können. Wir haben ja noch Bonzo und Zackenbacke am Hals.«

Zurück am Münchner Platz sahen sie sich in aller Ruhe und ohne Angst nach Brotkrümeln oder Pommesresten um. Und weil die Taubenhorde heute keine Zeit zum Essen gehabt hatte, waren die drei Freunde bald rund und satt.

»Jetzt laßt uns die beiden da oben fertigmachen«, sagte Achtstein zufrieden.

»Ich bin so müde«, klagte Goliath und lehnte sich an die Füße der Parkbank, »und meine Wunde tut weh«. Dann lauschte er angestrengt.

»Sie ist völlig verheilt!« sagte Achtstein ärgerlich.

»Ja, ja«, schimpfte Goliath, »das soll mal wieder nichts gewesen sein, daß Bonzos Stern mich fast in zwei Teile zertrennt hat.«

»Übertreibst du da nicht ein bißchen?« meinte Hermännchen sanft.

Goliath schüttelte empört den Kopf. »Dabei hat
mein Opa meine Oma beim Nestbau auch einmal
scheußlich verletzt, versehentlich natürlich und nicht
mit einem Stern, sondern mit einem spitzen Ästchen.
Die Wunde war längst verheilt, und doch hat es meiner Oma an dieser Stelle ein Leben lang wehgetan«,
schnaubte er.

»Was hat denn dein Opa mit Bonzo zu tun?« fuhr
Achtstein ihn an.

»Meine Oma hat immer gesagt, die Narbe sagt ihr
das Wetter voraus! Und weil gerade eben meine Narbe
mir auch das Wetter vorausgesagt hat, mußte ich an sie
denken.«

»Was hat die Narbe denn gesagt?« wollte Achtstein
entnervt wissen. Hermännchen kicherte.

»Daß bald der Frühling kommt oder so«, meinte
Goliath beleidigt.

Achtstein atmete tief durch und öffnete den Mund,
um etwas zu erwidern.

»Laßt uns schlafen gehen, ich bin total fertig«, sagte
Hermännchen schnell, um einen Streit zu vermeiden.

»Ich bin auch immer noch müde«, schloß Goliath
sich an, »und wenn nämlich der Frühling da ist,
bekomme ich endlich die versprochenen Regenwürmer von Achtstein, denn dann ist die Erde nicht mehr
gefroren, und er kannst schön tief buddeln.«

»Also gut«, meinte Achtstein, »laßt uns eine Nacht
darüber schlafen. Ich weiß sowieso noch nicht, wie

wir die beiden ausschalten sollen, ohne daß einer von uns draufgeht. Bis jetzt hat alles ohne Blutvergießen geklappt und…«

Goliath unterbrach ihn mit einem wütenden Lachen. Er streckte wortlos seine Brust mit der Sternennarbe heraus.

»Und der Sohn der Bürgermeisterin und der junge Ehemann?« erinnerte Hermännchen.

Achtstein entschuldigte sich sofort. »Bis jetzt hat alles *fast* ohne Blutvergießen geklappt«, verbesserte er sich, »und so soll es auch enden. Morgen früh werden wir uns überlegen, wie wir die beiden Mistkerle loswerden. Und dann holen wir unsere Leute nach Hause, darauf freue ich mich ganz besonders.«

Er streckte und reckte sich, und Goliath tat es ihm niesend nach.

»Das ist seit fünf Tagen die erste Nacht, in der wir ohne Angst und Hunger schlafen können. Kommt Freunde, laßt uns die Augen zukneifen«, murmelte Hermännchen.

Auf dem Dachboden der Bank kuschelten sie sich eng nebeneinander in die Ecke. Und kaum hatten sie sich zugedeckt und festgestellt, daß die gute alte Kirchturmuhr zweimal geschlagen hatte, waren sie auch schon eingeschlafen.

Als sie am nächsten Morgen ausgiebig gefrühstückt und sich gegenseitig Mut gemacht hatten, flatterten sie

von hinten an das Krankenhaus heran und schlichen, eng an die Wände gedrückt, durch die Gänge. Ab und zu blieben sie stehen und lauschten.

»Wenn sie noch schlafen, fesseln wir sie«, flüsterte Achtstein.

»Und wenn nicht?« flüsterte Hermännchen zurück.

Achtstein zuckte mit der Schulter. »Dann erzählst du ihnen, daß die anderen mich am Bahnhof gefunden hätten und mich, weil ich so schlau bin, als ihren neuen Chef gewählt und mit mir in Urlaub gefahren seien.«

»So einen Blödsinn glauben die nie!« meinte Hermännchen skeptisch.

Goliath nickte. »Besser erzählst du ihnen, daß die anderen *mich* in der Dachluke gesehen hätten, und weil ich eigentlich ein Prinz und außerdem enorm stark bin, hätten sie mich als neuen Chef anerkannt und sofort befreit. Anschließend seien sie dann mit *mir* in Urlaub gefahren. Hatschiee! Hatschieee!«

»Ach, Goliath!« sagte Achtstein.

»Wieso denn Prinz?« fragte Hermännchen. Doch auch dieses Mal bekam er keine Erklärung.

Achtstein winkte hektisch. »Psst«, zischte er und riß die Augen auf. Sie blieben stehen. Eindeutig waren durch die angelehnte Türe Stimmen zu hören.

»Kommt hinter die Tür!« wisperte Achtstein. Sie konnten sich gerade noch auf die andere Seite retten, da wurde die Türe langsam aufgeschoben. Die drei rührten sich nicht.

»Was jetzt?« fragte Hermännchen tonlos und ohne den Schnabel zu bewegen.

»Mir ist schlecht, und ich habe scheußliche Kopfschmerzen«, jammerte Goliath ungerührt.

»Auf sie mit Gebrüll!« schrie Achtstein, als er einen grauen Kopf auftauchen sah. Erschreckt quietschend flatterten Hermännchen und Goliath in die Höhe.

Erstaunt blinzelte Frau von Rashnapur um die Ecke.

»Was macht ihr denn für einen Lärm?« schimpfte sie kopfschüttelnd. Die drei Spatzen ließen sich vor Erleichterung auf den Boden fallen. Hinter ihr schob sich ein Kater in den Flur. Er war dick und ganz weiß und sah fast noch vornehmer aus als seine Begleiterin.

»Mit wem sprechen Sie denn da, Frau von Rashnapur?« wollte er wissen. Die gelben Augen blickten spöttisch unter den schweren Lidern hervor auf die Spatzen. »Freunde von Ihnen?«

Frau von Rashnapur wischte sich eine helle Feder von der Nase.

»Freunde? Wie können Sie das nur denken, Castor von Narsipeh? Ich half ihnen einmal, als sie in Not waren«, sagte sie.

»Wie edel von Ihnen«, meinte Castor und schüttelte eine dunkle Feder von seiner Pfote.

»Ich habe es nur getan, weil einer von ihnen ein Prinz ist«, erklärte Frau von Rashnapur.

»Aber...« Hermännchen rappelte sich auf, »wieso sagen Sie auch, daß er ein Prinz ist?«

Achtstein gab ihm einen Tritt, und Hermännchen schloß augenblicklich den Schnabel. Goliath warf seinen beiden Freunden einen triumphierenden Blick zu und nickte vornehm. »Söht ühr?« flötete er, »totsöchlich eun Prünz.«

Achtstein verbeugte sich vor den Katzen. »Haben Sie vielleicht zwei Tauben gesehen, eine weiß und die andere pechrabenschwarz?« fragte er. »Gefärbt«, fügte er hinzu, als er die erstaunten Blicke der Katzen sah.

Frau von Rashnapur und Castor von Narsipeh schüttelten wortlos die Köpfe. Dann zogen sie sich leise kichernd zurück.

»Der schwarze schmeckte leider ein wenig nach Schuhcreme«, klagte Herr von Narsipeh.

»Der Hauch von Alkohol im Fleisch war aber köstlich«, hörten die Spatzen Frau von Rashnapur zu ihrem Begleiter sagen.

»Sie wollten es mir lange nicht glauben«, näselte Herr von Narsipeh, »es ist besser als Butzikätzi, nicht wahr, liebe Freundin?«

»Viel besser«, schwärmte Frau von Rashnapur. »Aber versprechen Sie mir, daß Sie diesen Abstecher in die Gewohnheiten der Wald- und Wiesenkatzen mit keinem Wort vor unseren Freunden erwähnen!«

»Ich verspreche es«, sagte Herr von Narsipeh. Dann waren sie am Ende des Ganges angelangt und verschwanden.

»Was meinen die denn mit dem Gequatsche von

Abstecher und Schuhcreme und Hauch?« fragte
Goliath.

»Daß wir in Zukunft einen großen Bogen um die
beiden machen sollten! Die Butzikätzi-Zeiten sind
anscheinend vorbei. Auch Sie, Prinz, sollten vor-
söchtüg seun«, sagte Achtstein lachend und flatterte
voraus. Goliath und Hermännchen folgten ihm eng
aneinandergedrückt.

In der Mitte des Raumes lagen viele Federn, dunkle
und helle durcheinander, dazwischen die spitzstache-
ligen Sterne, die Goliath so gut gefallen hatten, eine
blitzende Kette, ein grau-weißes Stirnband und eine
kleine Dose schwarze Schuhcreme.

»Ach, du gute Motte!« sagte Achtstein.

»Ach, du gute Motte!« sagte Hermännchen.

»Ach, der gute Bonzo!« sagte Goliath und schaute

sich um. »Er ist zwar abgehauen, der Mistkerl, aber er hat mir die Sterne dagelassen. Er ist anscheinend doch nicht so böse, wie wir immer dachten. Schade, daß er weggerannt ist, ich hätte mich gerne bedankt. Aber wieso haben sie ihre Federn auch dagelassen? Sind sie nackicht weggerannt?«

»Sei froh, daß sie alle weg sind, nackicht oder angezogen«, sagte Achtstein zu ihm und zwinkerte Hermännchen zu. Hermännchen nickte.

»Jetzt sind *alle* Tauben weg, oder?« erkundigte sich Goliath. Als seine Freunde nickten, sprang er vor Freude wie ein Gummiball auf und nieder und im Kreis herum. Achtstein und Hermännchen ließen sich nicht lange bitten. Sie hüpften flügelschlagend hinter Goliath her. Und alle drei sangen und krakeelten und hörten sich entsetzlich an. Diejenigen Tiere, die die Taubenplage bis jetzt gut überstanden hatten und noch auf dem Speicher des Krankenhauses wohnten, verließen fluchtartig das Gebäude.

Außer Atem, aber von den Schnabelspitzen bis hinunter zu den Krallen glücklich, lagen die drei Freunde dann flach auf dem Rücken und ruhten sich aus, die Bäuche und Beine in die Luft gestreckt.

»Alle weg!« sagte Goliath froh. »Ich frage mich, wie wir das geschafft haben.«

»Wenn sie nicht dauernd betrunken gewesen wären, hätte es nie geklappt!« antwortete Hermännchen trocken.

»Alle weg!« sagte auch Achtstein, grinste breit und versuchte ein Späßchen. »Auch die Lotte!«

Goliath fuhr auf. »Ach, wie schade! Wahrscheinlich hat Bonzo sie hypontnosidiert und mitgenommen«, sagte er bedauernd. »Hatschi! Wenn Mama wieder da ist, lege ich mich ins Bett, und sie macht mir Tannennadeltee, dann deckt sie mich zu, und in ein paar Tagen bin ich wieder gesund.«

»Kommt zum Müllplatz«, rief Hermännchen. »Laßt uns sofort losfliegen, damit sie dort nicht länger als nötig bleiben müssen.«

»Ja, aber die Sachen hier«, meinte Goliath, »das sind doch meine, und ich möchte sie gerne mitnehmen.«

»Wieso sind das deine? Wickle den Kram in das Tuch hier ein«, sagte Achtstein energisch, »und wenn wir über den Fluß kommen, läßt du es fallen. O ja, Goliath, das wirst du tun. Ich will durch diese häßlichen Waffen nicht an die schreckliche Zeit erinnert werden.«

»Ich schon«, maulte Goliath, »und du hast mir nichts zu sagen, Achtstein! Hermännchen erinnert dich bestimmt auch an die schreckliche Zeit, als er Dreckwatz war, und du wirfst ihn nicht in den Fluß.«

»Goliath!« rief Achtstein drohend.

Goliath scharrte verlegen auf dem Boden herum. »Ich wollte es nicht sagen, aber du zwingst mich dazu, Achtstein: Ein Prinz läßt sich nicht befehlen!«

»Was ist das immer für eine Geschichte mit dem Prinzen?« mischte sich Hermännchen ein.

»Goliath!« bat Achtstein eindringlich. »Wir brauchen diese Waffen nicht. Wir haben doch Köpf-

chen, Goliath. Wir haben unsere Macht im Kopf, nicht wahr? Schau, wir sind sie losgeworden, obwohl sie größer waren und Waffen hatten und wir nicht. Einfach, weil wir schlauer waren als sie!«

»Und wir hatten immer einen klaren Kopf«, warf Hermännchen ein.

»Ich auch?« fragte Goliath voller Hoffnung.

»Du auch!« bestätigte Achtstein feierlich.

»Wirklich, Achtstein, machst du keine Witze?« Goliath strahlte und schaute dann Hermännchen fragend an. Achtstein und Hermännchen nickten ernsthaft.

»Du bist doch toll mit Bonzo fertiggeworden, als er dich hypnotisieren wollte, oder? Das habe ich nicht geschafft, Goliath«, bestätigte Hermännchen.

»Warum denn eigentlich nicht?« fragte Goliath ärgerlich. »Du hättest dich ruhig ein bißchen anstrengen können. Hast einfach nur faul herumgelegen und gedacht, ha, wenn er mich hypondisieren will, soll er doch, nicht?«

Achtstein und Hermännchen hielten sich kreischend die Ohren zu. Dann schwangen sie sich auf die Regenrinne und genossen für einen kurzen Moment die Mittagssonne.

»Ich glaube, ich rieche schon den Frühling in der Luft«, meinte Hermännchen schnüffelnd.

»Das hat meine Narbe schon lange vor dir gerochen«, sagte Goliath lässig.

Sie schauten glücklich über den taubenfreien Münchner Platz und dann zur Parkbank, wo die beiden alten Damen verwundert mit ihren vollen Futtertüten hockten. Es waren nur einige Meisen da, viel zu wenig für das viele Futter.

»Bleibt nur da, ihr beiden Tantchen«, rief Achtstein hinunter, »wir bringen euch in kurzer Zeit genug hungrige Mäuler. Vorher wollen wir auch nichts haben. Kommt endlich, Freunde!« Er schüttelte seine Federn durch, Goliath und Hermännchen machten sich ebenfalls startklar und mit einem dreifachen »Tschipitschipitschieeeee« flitzten sie hoch über den Dächern zur Stadt hinaus. Natürlich mit einem kleinen Umweg über den Fluß.

Einige Tage später fand in den spatzenfrühesten Morgenstunden auf dem Dachboden der Hypotheken- und Wechselbank ein fröhliches Fest statt.

»Freunde«, rief die ehemalige Bürgermeisterin, »ich stelle euch jetzt denjenigen vor, der auf allgemeinen Wunsch unser neuer Bürgermeister sein soll. Übrigens ist es der jüngste Bürgermeister, den es je gab: Achtstein Weidenbusch!«

Alle Spatzen klatschten begeistert.

»Freunde«, rief der junge Bürgermeister Achtstein, »ich stelle euch jetzt den neuen Polizeichef vor, in doppelter Ausfertigung: Goliath Nettelbeck und Hermännchen Winterklee! Die jüngsten Polizeichefs, die es je gab!«

Wieder klatschten die
Spatzen, schlugen wild
mit den Flügeln und
schrien durcheinander.

Herr Winterklee stand
auf und bat um Ruhe.
»Ich möchte eine Rede
halten«, sagte er und hob
den rechten Flügel in die
Höhe. Doch alle tobten ausgelassen
herum, einige versuchten gerade, sich gegenseitig
Brotkrümel in die weit offenen Schnäbel zu werfen
und lachten wie närrisch, wenn diese im Auge oder auf
dem Kopf ihrer Freunde landeten. Die anderen bauten
an einer Spatzenpyramide. Goliath saß ganz unten,
und sieben Freunde türmten sich kichernd und plär-
rend auf seinem Rücken.

»Ich möchte eine Rede halten«, rief Herr Winterklee ein zweites Mal in die kreischende, quietschende,
lachende und tanzende Spatzenschar. Es wurde ein
wenig leiser. Die Spatzenpyramide fiel in sich zusammen.

»Ich möchte eine Reeeeede halten!« schrie Herr
Winterklee noch einmal.

Jetzt hatten es alle gehört, erwartungsvoll setzten
sie sich auf ihre Pürzel und sahen Hermännchens
Vater an.

»Ich möchte unserem neuen Bürgermeister kurz
danken«, sagte er in die plötzliche Stille. »Er hat Hermännchen und Goliath Nettelbeck gerettet und unse-

rem Schwarm den Heimatplatz erhalten. Er hat nicht aufgegeben! Laßt uns ein Glas Lindenblütensaft auf seine Gesundheit trinken.«

»Ja, ja, das wollen wir«, riefen alle und tauchten ihre Schnäbel in die bereitgestellten Eichelschalen.

Herr Weidenbusch stand ebenfalls auf. »Ich bin sehr stolz auf meinen Sohn Achtstein. Aber auch Hermännchen und Goliath haben mitgeholfen, alleine hätte Achtstein es nicht geschafft«, sagte er. »Auch auf sie wollen wir trinken. Gesundheit, ihr Polizeichefs.«

»Hatschi«, nieste Goliath.

»Dankeschön«, sagte Hermännchen brav.

Achtstein winkte beide hinaus. »Kommt mit«, sagte er, »die Lobreden sind mir ganz peinlich«.

»Mir auch«, meinte Hermännchen.

»Mir nicht«, murrte Goliath. »Ich wäre gerne noch dageblieben, vielleicht hätten sie noch mehr nette Dinge über uns gesagt. Ich wollte auch noch vorschlagen, daß wir Hermännchen für seine Gemeinheit die Federn rupfen. Weißt du noch, Achtstein? Der Dreckwatz? Wo willst du denn hin, Achtstein?«

»Laßt uns ein wenig in der Kastanie sitzen«, antwortete dieser, »die Sonne ist schon ganz schön warm, oder?«

»Ach ja, schööön!« seufzte Hermännchen und plusterte sich auf, damit die Sonnenstrahlen auch unter seine Federn kriechen konnten.

»Ich bin froh, daß sie weg sind, die Mistkerle«, sagte Goliath und lehnte sich lässig an den Baumstamm. »Jetzt gehört alles Futter wieder uns. Und wir

können in Frieden hier leben. Wann macht denn die Bude endlich auf?«

Achtstein schielte nach der Kirchturmuhr. »Das dauert noch eine ganze Weile«, meinte er und rutschte nervös hin und her. »Was machen wir nur bis dahin? Mir ist es langweilig, irgendwie!«

»NEIN! Bitte nicht!« schrien seine beiden Freunde entsetzt.

Achtstein mußte lachen, und nach einem Moment stimmten Hermännchen und Goliath mit ein.